놀이치료
관계 형성을 위한
핸드북

Maria Giordano · Garry Landreth · Leslie Jones 공저

이미경 역

A Practical Handbook for
Building the Play Therapy Relationship

학지사

○ 역자 서문

　인간의 심리적인 내면을 치료하는 과정에 참여하는 것은 참으로 고귀한 일이 아닐 수 없습니다. 아마도 상담가에게 주어진 가장 소중한 일이 아닌가 하고 생각해 봅니다. 치료의 과정은 내담자와 상담자 간의 끊임없는 신뢰를 통한 기나긴 여정입니다. 다시 말해서 내담자와 상담자 간의 관계를 바탕으로 내담자는 새로운 경험에 도전하고 새로운 경험에 따른 긍정적이고 희망적인 감정과 생각들을 통하여 이전의 심리적인 상처와 고통을 치유하는 것이 상담의 과정입니다. 따라서 이러한 내담자와 상담자와의 치료 관계는 내면의 치유를 일으키는 가장 핵심적인 요소가 아닐 수 없습니다.

　내담자와의 상담 과정에서 변화를 일으키는 치료적인 관계를 형성하는 것은 쉬운 일이 아닙니다. 놀이치료사는 아동, 청소년, 부모 그리고 일반 성인들과의 치료 과정에서 치료사 자신의 진실성, 공감성 그리고 따뜻함을 나타내야 합니다. 그러기 위하여 치료사는 자신의 신념, 가치, 장점과 노력해야 할 점들을 파악하여야 합니다. 이러한 자신의 이해는 지속적인 성찰과 노력을 통하여 가능하며, 치료 과정에서 내담자에게 미치는 영향이 치료적으로 발휘하게끔 돕습니다. 따라서 이 책에서 나타난 여섯 가지 핵심적인 치료 반응들을 치료사 자신의 성찰과 이해를 통하여 자아에 통합시키는 과정 없이 단순한 연습을 통하여 상담 과정에 활용한다면 치료의 핵심은 잃어버리고 기법들만을 활용하는 것과 다름없게 됩니다.

　이 책은 치료사 자신의 이해와 그러한 자아 이해를 통한 참되고, 진실된 메시지를 내담자에게 전달하는 아동 중심의 놀이치료를 바탕으로 쓰인 책입니다. 또한, 핵심적인 변화를 일으키는 치료 반응들을 각 장마다 구체적으로 나열하여, 각 치료 반응들의 의미와 활용들을 제시함과 동시에 이 책을 활용하는 학생, 교수, 수퍼바이저 그리고 놀이치료사들이 자신의 치료 반응들을 실제로 연습할 수 있도록 하였습니다. 특히, 각 치료 반응들에 대한 자신의 생각을 적어 봄으로써 자신의 신념과 가치를 더욱 잘 이해할 수 있도록 하여 치료사 자신의 자아 이해를 향상시키고 있습니다.

또한, 이 책은 치료사의 치료적이고 효과적인 반응과 비효과적인 반응들은 물론 왜 치료적인지, 아닌지를 설명함으로써 이 책을 활용하는 놀이치료 학생, 교수, 수퍼바이저 그리고 상담가들의 이해를 돕고 있습니다. 특히, 구체적인 사례들을 통하여 놀이치료사의 자아 이해와 여섯 가지 치료적인 반응들을 통합하여 각 치료 상황에 맞는 치료적인 핵심 반응들을 표현하도록 돕습니다. 마지막으로 이 책은 역할극과 비디오 녹화를 통한 수퍼비전에서 어떻게 효과적으로 활용될 수 있는지를 구체적으로 나타내고 있습니다. 내담자와의 치료적인 관계 형성의 중요성을 강조하는 이 책은 정규 놀이치료 수업, 실습 과정, 수퍼비전 그리고 스터디 그룹에서 집단으로 활용하면 더욱 효과적일 것입니다.

나름대로 노력하여 번역한 책일지라도 부족한 점들이 있음은 당연합니다. 그럼에도 불구하고 용기를 내어 이렇게 책을 낸 것은 앞으로 누군가에 의하여 쓰이고 또는 번역되어 출판될 더 나은 책들에 대한 기대와 바람을 갖기 때문입니다. 또한, 이 책을 읽는 독자들의 아낌없는 권면을 바라기 때문이며 고향에 있는 놀이치료 내담자들을 위하여 조금이나마 도움이 되고자 하는 바람이 간절하기 때문입니다. 마지막으로 이 책을 읽는 모든 분들께 감사드리며 출판의 기회를 주신 학지사 김진환 사장님께 감사를 드립니다.

미국 볼티모어에서
역자 이미경 씀

저자 서문

이 책은 놀이치료에서 치료적인 관계를 형성하는 중요한 기법들을 배우거나 가르칠 때 실질적인 접근을 원하는 놀이치료사, 놀이치료 학생 그리고 놀이치료 수퍼바이저를 위한 책이다. 이 책에서는 각 기법들이 명확하게 정의되어 있고 그러한 기법들의 사례와 원리들을 나타내었다. 또한 실습, 토론용 질문, 비디오 놀이치료 회기에 대한 자아 평가 질문들을 통하여 치료사들은 그러한 기법들을 통합할 수 있게 된다.

이 책은 상담심리학과, 사회사업학과, 상담가 교육학과 그리고 정신 간호학과, 집중 훈련 워크숍, 아동 상담 및 놀이치료 수업, 수퍼비전을 제공하는 실습교육 시간과 실습 경험에서 활용될 수 있다. 이 워크북의 자료와 구조는 Garry Landreth의 『놀이치료: 관계의 미학』(2판, 2002)과 함께 활용하면 더욱 효과적이다.

치료적인 관계가 아동의 성장과 발달에 중요하다고 믿는 놀이치료사들은 이 책에서 제시한 철학과 기법들을 통하여 핵심적인 지식을 얻을 수 있다. 비록 6개의 기본적인 치료 반응들이 강조되었음에도 불구하고 놀이치료사들은 그러한 반응들을 따뜻함, 참됨, 아동들의 감정, 근심 그리고 경험들에 공감하는 정확한 이해를 표현하기 위하여 치료사 개인의 스타일에 통합해야 할 필요가 있다. 아동들과의 협조적인 치료와 지지적이고 안전한 환경을 마련함으로써 아동들은 자신을 이해하고 변화시키며 치료를 이끄는 감정, 태도 그리고 경험들을 자유롭게 탐색할 수 있게 된다.

아동들은 발달적으로 어른들이 이해하고 표현하는 방법으로는 아동 자신의 감정, 근심 그리고 경험들을 이해하고 표현할 수 없다. 놀이치료는 아동들이 설명하기 어려운 감정들과 경험들을 표현할 수 있게끔 하는 하나의 방법을 제공하고 있다. 아동들은 자신의 감정, 욕구 그리고 소망들을 표현하기 위하여 놀이를 활용하고 다양한 감정들을 표현하기 위하여 놀잇감들을 활용한다. 또한 아동들은 양육, 파워 그리고 통제와 같은 욕구들을 표현하는 시나리오들을 창조하기 위하여 놀잇감들을 활용한다. 다음에 나오는 예들은 어떻게 아동들이 자신의 감정, 근심 그리고 경험들을 놀이를 통하여 표현하는지를 나타낸다.

예 1

최근에 부모가 이혼한 아동은 가족 인형을 활용하여 부모가 다시 결합하는 장면을 나타낸다.

예 2

한 아동이 토네이도가 있었을 때 옷장에 숨었고, 몇 시간 후에 토네이도가 미친 영향에 대한 뉴스를 보았다. 그 아동은 2회기 동안의 놀이치료에서 토네이도를 대비하는 준비를 하고, 안전한 곳에 숨고, 토네이도가 지나간 후에 안도감을 표현한다.

예 3

네 살 난 아동이 어린 동생과 한 침대에서 잤으며 그 동생이 유아 돌연사 증후군으로 사망하였다. 네 살 난 아동이 놀이치료에서 아기 인형을 잡고, 아기 인형 위에 앉아서 "내가 죽였어요."라고 말한다. 이 아동은 이후의 놀이치료 시간에서 분노와 슬픔을 계속해서 표현하였다.

아동은 자신들을 표현하고 그들의 놀이에서 이미지들과 은유들을 창조하기 위하여 놀잇감들과 미술 재료들을 사용한다. 때때로 아동은 자신이 항상 경험하는 역할을 놀이치료사가 하길 원한다. 놀이치료사는 아동이 제시하는 세상들을 경험함으로써 아동의 세계를 좀 더 깊게 이해할 수 있다.

예

한 아동이 놀이치료사에게 비명을 지르고 소리치며 말한다. "난 네가 그렇게 바보같이 행동하는 것이 지긋지긋해. 지금 당장 장난감들을 치우지 않으면 모두 쓰레기통에 버려서 다시는 그걸 가지고 놀지 못하게 할 거야." 그 아동은 놀이치료사에게 자신의 무기력한 감정의 정도를 경험할 수 있는 기회를 제공하고 놀이치료사는 아동의 세계에 대해 깊이 이해할 수 있다.

차 례

역자 서문 3
저자 서문 5

11 ● 제1장 아동 중심의 놀이치료

19 ● 제2장 놀이치료실과 놀잇감

31 ● 제3장 첫 번째 놀이치료를 하기 전에

35 ● 제4장 놀이치료 회기를 구성하기

41 ● 제5장 비언어적인 행동을 인정하기(행동 트래킹하기)

53 ● 제6장 내용을 반영하기

65 ● 제7장 감정을 반영하기

81 ● 제8장 의사결정권과 책임감을 촉진하기

95 ● 제9장 자아존중감과 격려를 촉진하기

109 ● 제10장 제한 설정하기

125 ● 제11장 치료적인 반응과 놀이 행동을 이해하고 치료를 촉진하며 종결하기

135 ● 제12장 아동의 자아 통제력과 자아 훈련 발달을 위하여 부모를 훈련시키기

149 ● 제13장 사례 연구: 학교 행동 문제

159 ● 제14장 사례 연구: 슬픔과 상실

171 ● 제15장 사례 연구: 형제간 경쟁 심리

183 ● 제16장 사례 연구: 분노와 공격심

193 ● 제17장 사례 연구: 이혼

203 ● 제18장 사례 연구: 성적 학대와 정신적 외상

215 ● 제19장 역할극 기법과 피드백 형식

237 ● 제20장 비디오 리뷰-치료적인 반응을 확인하고 향상시키기

참고문헌 268
찾아보기 269

제1장

아동 중심의 놀이치료

아동 중심의 놀이치료사들은 치료적인 관계의 중요성을 믿으며 아동의 문제가 아닌 아동에게 초점을 맞추고 있다. Virginia Axline (1947)은 Carl Rogers(1942)의 비지시적인 치료의 이론적인 원리에 기초하여 아동 중심의 놀이치료를 개발하였다. Axline은 놀이치료사가 민감하고 수용적이며, 아동이 언어적으로 그리고 비언어적으로 표현하는 것들에 대한 지속적이고 깊은 이해를 갖는 사람이라고 언급하였다.

아동 중심의 놀이치료사들은 아동들이 독립성과 자아 지향을 위해 타고난 욕구를 지녔으며 아동들이 자아에 충실하기 위해서는 허용과 수용이 필요하다고 믿는다. 이러한 허용과 수용은 아동들의 삶에서 중요한 사람들과의 관계를 통하여 형성되는 것이다. 아동들이 소중하고 수용적인 존재임을 느끼게 하는 치료적인 관계를 경험함으로써 아동들은 자신을 수용하고 가치 있는 사람으로 여기는 것을 배운다(Axline, 1947).

Landreth(2002)는 놀이치료사들이 긍정적인 치료 관계를 형성하는 데 도움이 되는 여섯 가지의 목표를 언급하였다.

이 목표들은 다음과 같다.

- 안전한 환경을 형성하기
- 아동의 세계를 이해하고 수용하기
- 아동의 정서적인 세계의 표현을 격려하기
- 허용적인 감정을 이끌어 내기
- 아동이 의사 결정을 하도록 촉진하기
- 자아 책임감과 자아 통제를 발달시키는 기회를 제공하기

놀이치료 회기의 기본적인 원리들

1. 아동은 놀이치료 시간을 어떻게 활용할 것인지를 자유롭게 결정하여야 한다. 아동은 놀이치료를 주도하며 놀이치료사는 어떠한 제안이나 질문을 하지 않은 채 아동을 따라간다.

2. 놀이치료사의 주된 임무는 아동에 공감하며 아동의 행동, 사고, 감정의 정도를 이해하는 것이다.

아동에 공감하는 것이 치료적인 관계에서 어떻게 영향을 미치나요?

_____

_____

_____

3. 놀이치료사의 두 번째 임무는 적절한 언급, 특히 가능하다면 아동이 실제 경험하는 감정을 언어로 나타냄으로써 아동을 이해한다는 것을 전달하는 것이다.

여러분이 어린 아동이었을 때, 어떻게 주위 어른들이 여러분을 안전하고 이해받고 있다고 느끼게끔 도왔나요?

_____

_____

_____

_____

4. 놀이치료사는 분명하고 확고한 태도로 아동에게 제한들을 설정한다.

놀이치료 회기의 목표들

1. 아동들이 놀이라는 매개체를 통하여 자신의 사고, 욕구, 감정들을 의사소통하도록 허용한다.

2. 아동들이 좀 더 긍정적인 자아 개념과 자아 수용, 자아 존중, 자아 중요성과 자신감을 발달시키도록 돕는다.

3. 아동들이 좀 더 스스로 주도하고, 자신을 믿으며, 책임감 있고, 자아 통제력을 발달시키도록 돕는다.

4. 아동들이 자신의 정체감을 배우고 감정들을 표현하도록 돕는다.

5. 아동들이 자신의 내적 평가 기준을 발달시키며 자신을 더욱 신뢰하도록 돕는다.

생각할 점 놀이치료가 어떻게 아동의 삶에 영향을 미치는지에 대한 여러분의 생각들을 논의하기

이 책에서는 놀이치료 회기에서 활용될 수 있는 다양한 형태의 치료 반응들을 설명하고 있다. 놀이치료사가 특정 반응들에 대한 원리를 이해한다면 치료적인 반응을 언제 그리고 어떻게 활용할지에 대하여 식별할 수 있다.

비록 언어가 강력한 메시지를 전달한다 할지라도 언어를 담고 있는 치료사의 태도 또한 중요하다. 적극적이며 대화체 형태의 치료 반응들은 자연스럽고 진실하다. 치료사의 자세, 언어적인 표현, 목소리 톤이 아동에 대한 관심, 따뜻함 그리고 수용을 전달해야 해야 한다.

치료 반응들의 원리와 표현법을 이해한다고 해서 치료적인 환경을 자동적으로 마련할 수 있는 것은 아니다. 오히려 진실되고, 신뢰할 수 있으며, 공감할 수 있는 치료적인 관계가 언어 표현에 권한을 부여하고 치료를 가능하게 할 수 있는 기초가 된다.

생각할 점 놀이치료사가 아동에게 어떻게 권한을 부여할 수 있는지에 대한 여러분의 생각을 논의하기

놀이치료를 위한 기본적인 규칙들

❋ **놀이치료에서 피해야 할 사항들**

- 아동의 어떠한 행동도 비판하지 말 것
- 아동을 칭찬하지 말 것
- 아동에게 질문하지 말 것
- 놀이치료 시간을 방해하는 것을 허용하지 말 것
- 아동에게 정보를 제공하거나 가르치지 말 것
- 아동에게 새로운 행동을 시도하지 말 것
- 치료사가 수동적이거나 조용하지 말 것

출처: Louise Guerney (1972). *Play Therapy: A Training Manual for Parents.*

생각할 점 위에서 나열된 규칙들 중 두 가지 사항과 그러한 특별한 행동을 놀이치료
에서 피하는 것이 왜 중요한지에 대한 여러분의 생각들을 논의하기

_____

_____

_____

_____

_____

_____

❋ **놀이치료에서 해야 할 사항들**

- 아동이 주도하게끔 할 것
- 아동의 역량에 갈채를 보내고 노력을 격려할 것

- 아동의 놀이에 따라가는 사람으로서 참여할 것
- 언어적으로 적극적일 것

생각할 점 치료적인 과정에서 아동이 주도하는 것에 대한 이점들을 논의하기

❋ 놀이치료사의 반응들은 다음의 메시지를 전달해야 한다

1. "너는 혼자가 아니란다. 나는 너와 함께 있단다."
2. "나는 너의 말을 듣고 본단다."
3. "나는 너를 이해한단다."
4. "나는 너를 소중히 여긴단다."

생각할 점 여러분이 어렸을 때 위에서 제시한 메시지 중 하나 또는 그 이상을 여러분에게 전달했던 어른 한 명을 생각하기. 그리고 여러분의 삶에서 그러한 관계의 중요성을 간단하게 논의하기

✳ 놀이치료사의 반응들은 다음의 메시지를 전달해서는 안 된다

1. "나는 너를 위해 너의 문제들을 해결할 거란다."
2. "나는 너를 행복하게 만들 책임이 있단다."
3. "나는 너를 이해하기 때문에 너와 무조건 동의한단다."

생각할 점 위에서 제시한 놀이치료사들이 피해야 할 사항들 중 두 가지를 토론하기. 놀이치료사가 그러한 메시지들을 놀이치료에서 어떻게 전달할 것인지 논의하기

제 2 장

놀이치료실과 놀잇감

❋ 놀이치료실 위치

놀이치료실은 아동들이 다른 내담자들과 놀이치료사들을 방해하지 않는 장소를 선택한다.

❋ 놀이치료실 크기(가로 3.5m, 세로 4.5m)

놀이치료실은 아동이 편안하게 움직이기에 충분할 정도로 커야 하고, 놀이치료사가 아동을 계속해서 따라다니지 않고 아동과 함께할 정도로 작아야 한다.

놀이치료실이 14~19평이면 3명의 아동들을 위한 집단 놀이치료에 충분하다. 하지만 3명 이상의 아동들에게는 적합하지 않다. 때때로 집단 놀이치료 과정에서 아동들은 자신의 집단을 심리적으로 재구조화시키고 또는 방해받지 않고 혼자서 놀 필요가 있다.

❋ 놀이치료실 특성들

바닥 놀이치료실 바닥은 모노륨같이 견고하고 청소하기 쉬운 것으로 설치한다. 청소하기 힘든 카펫은 피하는 것이 좋다. 만약 치료실이 모두 카펫으로 깔려 있다면 모래상자와 이젤(easel) 근처에는 큰 비닐로 카펫을 덮는 것을 고려해 볼 수 있다.

벽 회색빛을 띤 흰색으로 내구력이 있고 청소할 수 있는 재료로 칠한다. 어두운 색이나 선명한 색 또는 침침한 색은 피한다.

싱크대 차가운 물이 나오는 싱크대가 적합하다. 뜨거운 물은 싱크대 밑에 있는 밸브를 완전히 잠그고 차가운 물은 반만 잠궈서 아동들이 치료실 전체에 물을 튀지 않고 차가운 물을 충분히 틀어서 활용할 수 있게 한다.

선반 벽 두 면에 놀잇감들과 놀이 매체들을 진열할 선반들이 필요하다. 선반들은 튼튼하고, 아동들의 안전을 위하여 벽에 고정시킨다. 가장 높은 선반도 97cm를 넘지 않아서 어린 아동들이 치료사의 도움 없이 놀잇감들을 꺼낼 수 있어야 한다. (Landreth, 2002)

❊ 놀잇감과 자료들

- 아동은 자신의 생각, 감정 그리고 경험들을 표현하기 위하여 놀잇감을 사용한다. 치료실에서 제공하는 놀잇감들은 아동이 자신들을 은유적으로 또는 실제 그대로 표현하도록 선택된 것들이다.

- 비록 놀이치료실이 놀잇감들로 이루어져 있다고 하더라도 놀이치료를 받는 아동들은 단순히 즐거운 놀이에 임하지 않는다. 아동들은 혼동스럽고 감당하기 힘든 감정들과 근심들을 표현하는 데 주력한다.

- 놀이치료사는 아동이 감정을 확인하고 표현하며 자아 존중감, 자아 책임감, 자아 통제력을 발달시키도록 돕는다. 다양한 종류의 놀잇감들은 아동의 여러 가지 감정과 근심들의 표현을 돕기 위하여 선택된다.

다음의 놀잇감들은 아동이 자신의 경험, 감정 그리고 욕구들을 표현하기 위하여 사용하는 기본적인 놀잇감 목록들이다.

❋ 양육적인 놀잇감

아기 인형, 우유병, 고무젖꼭지, 빗, 아기 침대
병원놀이 세트, 반창고, 하얀색 마스크, 의사/간호사 가운
요리 도구, 플라스틱 음식들, 접시, 냄비, 프라이팬, 가스레인지

❋ 역량적인 놀잇감

블록들, 팅커토이(Tinkertoys), 링토스(ring toss), 농구대

❋ 공격성–이완 놀잇감

공격적인 동물 인형들(호랑이, 사자, 악어, 뱀), 펀치 백, 군인, 치대고 으깰 수 있는
Play-Doh, 고무로 된 칼, 다트 총, 수갑

❋ 실제 생활을 나타내는 놀잇감

인형의 집, 가족 인형, 퍼펫들–가족, 경찰, 의사, 간호사, 동물가족
가짜 돈, 계산대, 청소 도구(빗자루, 쓰레받기, 걸레, 자루걸레)
교통수단(차, 트럭, 비행기, 배, 학교 버스, 응급차, 소방차, 헬리콥터)

✳ 환상/의상

모자들: 소방관 모자, 경찰 모자와 경찰 배지, 선원 모자, 왕관
옷: 넥타이, 운동선수 유니폼, 정장 신발, 지갑, 장신구, 드레스
마스크: 눈 주위와 코만 가리는 마스크, 애꾸눈 가리개, 선글라스

✳ 창의적인 표현과 감정 이완

모래, 물, 블록들, 물감과 이젤, 크레용, 사인펜, 풀, 무딘 가위들, 테이프, 길고 조그만 나뭇가지들, 파이프 청소하는 것, Play-Doh

---

놀이치료실 설계와 조직도

노스 텍사스 대학교에 있는 놀이치료실의 일반적인 배치도

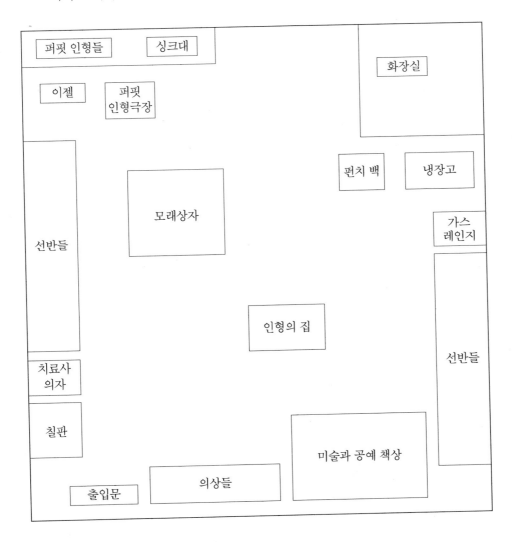

놀잇감들은 일관성 있게 조직적으로 정리해서 아동들이 매주 익숙한 장소에 가서 놀잇감들을 찾거나 갖다 놓을 수 있게 한다.

놀이치료실 선반에 아래의 놀잇감들을 어떻게 진열할 것인가?

✳ 선반 A

선반의 맨 윗부분 _____
_____
_____

선반의 중간 부분 _____
_____
_____

선반의 아랫부분 _____
_____
_____

바닥 _____
_____
_____

비행기, 뱀, 소리가 안 나는 장난감 총, 자석, 배, 밧줄, 자동차들, 북극곰, 탈 수 있는 놀잇감, 공룡들, 소리 나는 장난감 총, 수갑과 수갑 열쇠, 고릴라, 서로 끼워 맞추어 형태를 만드는 팅커토이들, 구부릴 수 있고 사람 형태와 비슷한 인형인 검비(gumby), 얼룩말, 사자/호랑이, 시멘트를 싣는 트럭, 건전지가 들어 있는 손전등, 학교버스, 헬리콥터, 마차, 일반 트럭, 농장에서 쓰는 트럭, 코끼리, 다트 총, 상어, 악어, 사람 인형들, 소, 덤프트럭, 말, 돼지, 땅을 고르는 기계, 양, 짧은 칼, 트랙터, 긴 칼, 강아지 놀이치료실 선반에 아래의 놀잇감들을 어떻게 진열할 것인가?

✳ 선반 B

선반의 맨 윗부분
_____
_____
_____

선반의 중간 부분
_____
_____
_____

선반의 아랫부분
_____
_____
_____

바닥
_____
_____
_____

왕관, 아기 인형 침대, 드럼, 전화기 2대, 바비 인형, 튀는 장난감, 남자 인형, 다리미, 눈 주위만 가리는 마스크, 아기 인형용 담요, 탬버린, 가벼운 풋볼, 바비 인형과 남자 인형을 위한 여벌 옷, 고무젖꼭지, 실로폰, 블록, 소방관 모자, 휴지, 병원놀이 세트(청진기, 수술용 마스크, 밴드, 혈압 재는 도구, 주사, 눈과 귀를 체크하는 도구), 누르면 소리 나는 놀잇감, 볼링 놀이 세트, 다양한 인종을 나타내는 인형들, 만화경, 공치는 방망이, 그림 도구, 선원 모자, 우유병, 볏짚 모자, 요술 방망이, 빗, 거울, 플라스틱으로 된 공, 레슬링 선수 인형, 잘 튀지 않는 공, 카우보이와 카우걸 모자, 미술용 종이, 계란을 보호하기 위해 싸는 종이, 심벌즈

놀이치료실 선반 진열하기

❋ 선반 A

선반의 맨 윗부분(왼쪽부터 오른쪽 방향 순으로)
양, 돼지, 말, 소, 기린, 얼룩말, 코끼리, 북극곰, 고릴라
사자/호랑이, 상어, 악어, 뱀, 공룡

선반의 중간 부분(왼쪽부터 오른쪽 방향 순으로)
(양, 돼지 등의 가축들 밑에) 학교 버스, 사람들, 강아지, 비행기, 구부릴 수 있는 사람 형태와 비슷한 인형
(공격적인 동물들 밑에) 소리 나는 장난감 총, 긴 칼, 짧은 칼, 다트 총, 소리가 안 나는 총

선반의 아랫부분(왼쪽부터 오른쪽 방향 순으로)
(학교 버스 밑에) 헬리콥터, 보트, 트랙터, 차들
(공격적인 동물들 밑에) 수갑/수갑 열쇠, 밧줄, 배터리가 있는 손전등, 팅커토이, 자석

바닥(왼쪽부터 오른쪽 방향 순으로)
땅을 고르는 기계, 블록으로 된 마차, 일반 트럭, 덤프트럭, 시멘트를 싣는 트럭, 농장에서 쓰는 트럭, 탈 수 있는 놀잇감

비행기, 뱀, 소리가 안 나는 장난감 총, 자석, 배, 밧줄, 자동차, 북극곰, 탈 수 있는 놀잇감, 공룡, 소리 나는 장난감 총, 수갑과 수갑 열쇠, 고릴라, 서로 끼워 맞추어 형태를 만드는 팅커토이, 구부릴 수 있고 사람 형태와 비슷한 인형인 검비(gumby), 얼룩말, 사자/호랑이, 시멘트를 싣는 트럭, 건전지가 들어 있는 손전등, 학교 버스, 헬리콥터, 마차, 일반 트럭, 농장에서 쓰는 트럭, 코끼리, 다트 총, 상어, 악어, 사람 인형, 소, 덤프트럭, 말, 돼지, 땅을 고르는 기계, 양, 짧은 칼, 트랙터, 긴 칼, 강아지

❋ 선반 B

선반의 맨 윗부분(왼쪽부터 오른쪽 방향 순으로)
왕관, 눈 주위만 가리는 마스크, 요술 방망이, 소방관 모자, 선원 모자, 볏짚 모자,
카우보이 또는 카우걸 모자, 휴지

선반의 중간 부분(왼쪽부터 오른쪽 방향 순으로)
병원놀이 세트(세트 가방을 열어놓는다)(청진기, 수술용 마스크, 밴드, 혈압 재는 도구, 주
사, 눈과 귀를 체크하는 도구), 전화기 2대, 다리미, 고무젖꼭지, 우유병(큰 것, 작은 것,
장난감 우유병)

드럼, 심벌즈, 탬버린, 만화경, 실로폰, 공치는 방망이, 누르면 소리 나는 장난감, 그
림 도구

선반의 아랫부분(왼쪽부터 오른쪽 방향 순으로)
바비 인형, 남자 인형(다양한 인종을 나타내는 인형), 여벌 옷, 솜을 넣어 만든 장난감,
빗, 거울, 레슬링 선수 인형

튀는 장난감, 가벼운 풋볼, 잘 튀지 않는 공, 볼링 세트, 플라스틱 공, 미술용 종이,
계란을 보호하기 위해 쌓는 종이(2개)

바닥(왼쪽부터 오른쪽 방향 순으로)
아기 인형 침대, 다양한 인종을 나타내는 인형들, 담요, 블록

왕관, 아기 인형 침대, 드럼, 전화기 2대, 바비 인형, 튀는 장난감, 남자 인형, 다리
미, 눈 주위만 가리는 마스크, 아기 인형용 담요, 탬버린, 가벼운 풋볼, 솜을 넣어 만
든 장난감, 바비 인형과 남자 인형을 위한 여벌 옷, 고무젖꼭지, 실로폰, 블록들, 소방
관 모자, 휴지, 병원놀이 세트(청진기, 수술용 마스크, 밴드, 혈압 재는 도구, 주사, 눈과 귀
를 체크하는 도구), 누르면 소리 나는 놀잇감, 볼링 놀이 세트, 다양한 인종을 나타내는

인형들, 만화경, 공치는 방망이, 그림 도구, 선원 모자, 우유병들, 볏짚 모자, 요술 방망이, 빗, 거울 플라스틱으로 된 공, 레슬링 선수 인형, 잘 튀지 않는 공, 카우보이와 카우걸 모자, 미술용 종이, 계란을 보호하기 위해 싸는 종이, 심벌즈

놀이치료실의 다른 영역들을 구성하기

�֍ 미술과 공예 책상 마련하기

수채화 물감 세트, 핑거 페인트, 불투명한 테이프, 가위들, 풀, 펜, 고무줄들, 투명한 테이프, 사인펜, 크레용, 공예용 나무 조각들, Play-Doh, 과자 만들 때 모양을 내는 틀, 피자 자르는 도구, 종이, 스테이플러, 파이프 청소하는 것들, 지푸라기

퍼펫들
악어, 강아지, 용, 사자, 곰, 늑대, 개구리, 쥐, 경찰, 간호사, 의사, 다양한 인종의 가족 퍼펫들

의상들
소매가 없는 외투, 지갑 2개, 목걸이 2개, 셔츠, 드레스, 넥타이, 신발들, 재킷

인형의 집
가구들-화장실, 거실, 안방, 부엌 가구들
가족 인형들-다양한 인종을 나타내는 5명의 사람 인형

이젤
물감-고동색, 빨간색, 초록색, 노란색, 파란색, 검은색, 흰색
붓(7개), 도화지와 도화지를 고정시킬 클립 2개, 옷을 보호하기 위한 앞치마

칠판

분필-흰색과 다양한 색들

지우개

모래상자

모래를 거를 수 있는 체, 큰 수저, 양동이, 큰 국자, 군인 인형들(군인 인형들은 모래 상자 옆에 따로 담아놓는다.).

❊ 가사 및 부엌 살림 도구들

냉장고

콘플레이크 상자, 과자 상자, 베이킹파우더/소다, 가공 식품류, 얼음 얼리는 그릇, 각종 음료수, 우유, 빵, 닭고기, 소고기, 계란, 야채류, 과일류

가스레인지

가스레인지 위에 놓을 냄비들, 프라이팬, 빵 굽는 틀, 케이크 만드는 팬, 각종 냄비 들(2개)

접시들

접시류, 그릇류, 컵들, 수저, 깔때기, 거르는 체, 믹서

공격성 표현을 돕는 놀잇감들에 대한 우려들

공격적인 놀잇감들을 사용하는 것에 대하여 어떤 학교나 임상 기관에서는 그러한 놀잇감들을 허용하지 않을 수 있다. 이것은 주로 학교나 기관에 있는 성인들이 다트 총, 고무로 된 칼들, 소리 나는 장난감 총들을 통하여 공격적인 행동을 표출하는 아동 들이 폭력에 대하여 무감각해질 것에 대한 우려에서 나온 것이다. 폭력이 영화나 비 디오 게임들에서 용인되는 문화에서는 공격적인 놀이를 함으로써 폭력이 분노와 공 격심을 표현하기 위한 적절한 수단이라는 주장을 강화시킨다는 우려가 있다.

✳ 하지만 놀이치료실에서의 다른 점은

1. 놀이치료사가 제한을 설정한다. "사람은 때리거나 다치게 하거나 쏘는 대상이 아니란다 등등"

2. 아동들은 무생물인 물건들을 통해 분노를 표현하는 것을 배우고 궁극적으로는 언어를 통한 분노 표현을 배우게 된다.

3. 공격적인 행동으로 자녀들을 놀이치료에 데리고 오는 부모들은 놀이치료실 바깥에서 아동들의 공격적인 행동들이 줄어들었다고 보고하였다. 놀이치료사들은 아동들이 분노와 좌절감을 인식할 수 있게 돕는다. 또한 치료사들은 아동이 아동 자신, 치료사를 해치지 않고, 놀잇감이나 치료실을 망가뜨리지 않는 방법으로 공격심을 표현하도록 돕는다. 아동은 궁극적으로 분노와 공격심을 인식하는 것을 배우고 자신의 감정들을 언어로 표현하는 것을 배운다. 결과적으로 치료 과정이 아동으로 하여금 분노를 비폭력적인 방법으로 표현하도록 돕게 된다.

제3장

첫 번째 놀이치료를 하기 전에

부모를 위한 상담에 관련된 행정적인 문서 및 자료들을 준비하기

1. 인폼드 콘센트(Informed Consent)

부모와의 면담시간에 부모는 '인폼드 콘센트' 2부를 서명한다. 한 부는 부모가 자료로 보관하며 다른 한 부는 내담자의 파일에 보관한다.

2. 놀이치료사의 전문성을 알리는 문서(Professional Disclosure)

부모와의 면담시간에 놀이치료사는 자신의 교육, 임상 경험과 훈련 등을 알리는 '놀이치료사의 전문성을 알리는 문서' 2부를 마련한 후 부모에게 설명을 한다. 부모는 그 문서 2부를 서명한다. 한 부는 부모가 자료로 보관하며 다른 1부는 내담자의 파일에 보관한다.

3. 평가 문서들

부모, 교사 그리고 아동의 삶에서 그 밖의 다른 중요한 성인들은 아동의 각기 다른 장점과 문제들을 관찰하고 경험한다. 교사들은 학교에서 규율을 잘 지키고 교우 관계가 좋은 아동이 집에서는 부모의 말을 듣지 않는다는 사실에 놀랄 것이다. 아동의 행동은 서로 다른 환경에서, 다른 성인들과의 관계 속에서 변한다. 따라서 아동의 행동에 대한 부모와 교사의 의견을 수렴하는 것이 도움이 된다.

4. 이혼 판결문/자녀 양육권

만약 부모가 이혼을 한 상황이라면 이혼 판결문/자녀 양육권에 대한 문서를 얻는
다. 놀이치료사는 법원이 '보호자'로 정한 부모의 서명을 얻어야 한다.

❈ 부모와의 첫 번째 면담을 위해 필요한 기타 관련 사항들

1. 부모를 위한 놀이치료 팸플릿(놀이치료 협회를 통해 얻을 수 있다).
2. 아동을 위한 놀이치료에 대한 설명이 있는 책자
3. 아동에게 줄 치료시간 약속 카드

❈ 부모와의 첫 번째 면담의 목적

1. 부모와의 긍정적인 라포/관계를 형성한다.
2. 부모가 왜 도움이 필요하며 놀이치료를 통하여 부모가 바라는 것은 무엇인지 파
   악한다.
3. 아동에 대하여 파악한다.
4. 행정적인 관련 문서들을 완성한다.
5. 부모에게 놀이치료에 대하여 설명한다.

생각할 점 여러분이 부모와의 첫 번째 면담에서 5가지 목적들을 이루기 위하여 부
모 면담을 어떻게 이끌어 갈지를 논의하기

부모/보호자와의 첫 번째 면담

다음의 사항들은 아동, 부모 그리고 가족들에 대한 놀이치료사의 이해를 돕기 위하여 첫 번째 면담시간에 다루어야 할 사항들을 나타낸 개요다.

주문제	무슨 문제로 인하여 놀이치료를 받으려 하는가?(문제의 발생, 빈도, 시간, 장소)
시도한 해결책	어떤 방법들을 시도해 보았는가?
변화	아동이 상담을 받아서 부모가 기대하는 변화는 무엇인가?
관계	각 부모/보호자와의 관계(이혼 가정이라면 자녀 면접권, 어떻게 자녀 면접이 이루어지는가? 부모들 간의 관계)
	형제/자매, 교사, 다른 성인들과의 관계
	교우 관계(또래, 나이가 많은 아동들, 나이가 어린 아동들과 노는지, 리더 또는 리더를 따라다니는 추종자 또는 외로운 아동인지)
아동기	질환, 사고, 스트레스(죽음/이별−사람, 애완 동물의 죽음 또는 이별, 이혼, 전학, 이사 등)
상담	이전에 상담을 받은 경험이 있는가?(상담가는 누구이고, 왜 상담을 받았으며, 상담 기간은 언제이고, 상담 효과는 무엇인지 등에 대해 이전 상담가에게 상담 관련 기록을 얻을 수 있도록 부모의 허락 서명을 받는다.)
약	아동이 복용하고 있는 약이 있는가?
학교	학교에 대한 일반적인 태도; 교사와 아동의 변화에 대한 부모의 인식
상담	부모가 스트레스를 받거나 부모 개인적인 문제들을 많이 논의할 경우에는 부모를 위한 개인 상담, 부모 면담 또는 부모놀이치료(filial therapy)를 제공한다.
유인물	부모와 아동이 알아야 할 것 놀이치료에 대한 아동의 첫 번째 책
일관성	놀이치료에 아동을 정기적으로 데리고 오는 일관성의 중요성을 언급한다. 아동들은 체계적인 환경과 앞으로 무슨 일이 일어날지에 대하여 예측할 수 있을 때 좀 더 안전감을 느낀다.

✳ 첫 번째 만남

- 놀이치료사가 아동과 어떻게 인사할지를 논의한다. 아동 앞에서 아동에 대한 이야기를 하지 않을 것을 강조한다. 만약 부모가 아동에 대한 걱정거리나 최근 경험을 논의하고 싶다면 놀이치료 시간 전에 치료사와의 개별적인 시간을 갖도록 한다. 부모에게 부모와의 전화 상담이야기를 아동이 듣지 않도록 확실히 권고한다.

- 놀이치료 시간 전에 부모가 아동을 화장실에 데리고 가서 대소변을 보게 한다.

- 부모 면담시간을(적어도 2주에 한 번) 정기적으로 갖는다. 아동이 집과 학교에서 어떻게 생활하는지에 대하여 대화 나눈다. 아동의 성장 발달에 대한 일반적인 정보를 제공한다. 부모는 때때로 놀이치료사의 비밀 보장에 대한 문제로 인하여 치료 과정에서 소외감을 느낀다. 따라서 아동의 부모와 지지적이고 협력적인 관계를 유지하는 것이 중요하다.

- 부모와의 관계를 유지하면서 비밀 보장을 유지하고 존중한다.

비밀보장	부모에게 제공할 피드백의 예들을 준비한다(아동은 치료 상황에서 제가 모든 것을 해 주기를 원하는데 집에서도 이런 행동들을 보이나요?).
선물	놀이치료사는 선물을 받지 않는다는 것을 부모에게 알린다.
상담 비용	상담 비용과 놀이치료 회기마다 어떻게 상담 비용을 받을 것인지 논의한다.
인테이크 폼	부모가 인폼드 콘센트와 놀이치료사의 전문성을 알리는 문서를 읽고 서명하도록 한다. 그러한 문서에 대하여 부모가 갖는 질문들에 대답한다.
문서를 완성한다	부모에게 "평가 자료들은 아동을 잘 이해하기 위하여 중요하며 다음 시간에 아동을 만나기 전까지 이 질문지들을 작성하여 가지고 오시기 바랍니다."라고 말한다.
놀이 치료실을 보여 주기	놀이치료사가 왜 놀이를 통하여 상담하는지를 설명한다(인지적인 발달; 성인들처럼 아동들은 자신의 감정과 생각들을 표현하지 못하며 아동의 감정을 해결하고 문제들을 표현하기 위하여 놀잇감을 활용한다.).

제4장

놀이치료 회기를 구성하기

✳ 놀이치료 대기실

1. 놀이치료 회기 전에 아동이 화장실을 다녀오게 한다.
2. 놀이치료사는 대기실에서 아동을 만날 때 다음과 같이 이야기한다.

"놀이치료실로 지금 가자."

- 아동에게 질문을 하지 않도록 한다. "놀이치료실에 지금 가고 싶니?"
- 이러한 질문은 아동에게 선택권이 있음을 잘못 암시한다.

✳ 놀이치료 회기 시작

"Alex야, 이곳이 놀이치료실이란다. 그리고 이곳에서는 네가 원하는 여러 가지 방법들로 놀잇감을 가지고 놀 수 있는 곳이란다."

- "네가 원하는 방법들로 놀잇감을 가지고 놀 수 있단다."라고 말하는 것은 치료적인 제한이 있기 때문에 사실이 아니다.

> **생각할 점** 아동에게 놀이치료사 자신을 어떻게 소개할 것이며 첫 번째 놀이치료를 시작할 때 어떤 말을 할지에 대하여 간단하게 언급하기

✳ 놀이치료 회기 마치기

1. "Alex야, 오늘 놀이치료 시간이 5분 남았단다."
2. 만약 Alex가 놀이에 너무 몰두해 있다면 "Alex야, 오늘 놀이치료 시간이 1분 남았단다."라고 다시 한 번 언급한다.
3. "Alex야, 오늘 놀이치료 시간이 끝났단다. 이제 엄마가 있는 대기실에 가야 할 시간이란다."(놀이치료사는 의자에서 일어나서 문 쪽을 향해 걸어간다.)
4. 만약 아동이 놀이치료실을 떠나길 싫어한다면 "Alex야, 네가 여기 놀이치료실에 더 있고 싶구나. 하지만 오늘 놀이치료 시간이 지났단다. 너는 다음 주에 다시 올 수 있단다."라고 언급한다.

• 어떤 아동들의 경우는 놀이치료실을 떠나는 것에 시간을 많이 소요할 수 있다. 놀이치료사는 필요하다면 치료를 마치는 언급들을 여러 번 할 수 있다. 놀이치료사는 단호한 목소리로 그러한 언급들을 하며 문 쪽을 향하여 천천히 걸어간다.

• 놀이치료사가 "이제 갈 시간이다."라고 말했을 때는 아동의 행동을 인정하는 트래킹 반응들 또는 놀이 상황을 언급하는 치료적인 반응들을 삼간다. 그것은 치료사의 이러한 반응들이 아동의 현재 행동들에 초점을 맞추고, 아동이 놀이를 계속하게끔 격려하며, 아동이 놀이치료실을 떠나야 한다는 메시지를 강조하지 않기 때문이다.

치료적인 환경을 마련하기

1. 앞으로 향하고 개방적인 자세를 취하기

놀이치료사는 아동을 위한 따뜻하고 수용적인 치료 환경을 만들길 원한다. 치료사의 비언어적인 행동은 치료사의 접근성과 개방성에 대한 아동의 인식에 영향을 미친다. 치료사는 앞으로 향하고 개방적인 자세를 취함으로써 아동의 세계에 관심과 흥미를 나타낸다.

2. 편안한 자세를 취하기

편안한 자세를 취한 놀이치료사는 차분하고 감정적으로 여유가 있어 보인다. 일상의 생활이 스트레스적인 환경에 처해 있는 아동은 차분하고 편안하며 양육적인 놀이치료사에게 좀 더 다가가는 경향이 있다.

3. 아동에 대한 관심을 표현하기

아동에 대한 관심은 비언어적인 그리고 언어적인 반응들을 통하여 전달될 수 있다. 치료사의 자세, 얼굴 표정 그리고 공감을 나타내는 치료사의 정확한 반응들이 아동 세계에 대한 진실된 관심을 나타낸다.

생각할 점 치료적인 놀이치료 환경을 마련하기 위한 여러분의 개인적인 자질과 장점들을 논의하기

_____

_____

_____

_____

아동의 세계에 대한 이해를 전달하기

• 진실되고 아동의 시각을 이해하려는 놀이치료사는 '아동의 세계'를 이해하려는 욕구를 나타낸다.

• 치료사의 정확한 반영은 치료사가 아동의 세계를 이해한다는 것을 나타낸다. 또한 이러한 이해는 진심 어린 관심과 공감이라는 심리적인 환경을 마련함으로써 전달된다.

• 치료사의 일반적인 태도와 개방성은 치료사가 아동과 조화를 잘 이룬다는 것을 나타낸다. 수용적인 목소리 톤과 보디랭귀지를 가진 치료사는 아동을 이해하고 아동과 관계를 이어 나가려는 욕구를 나타낸다.

생각할 점 여러분이 아동의 세계, 세계관, 감정 그리고 경험들을 어떻게 이해할 것인지에 대하여 여러분 자신의 의견을 기술하기

자아에 대한 아동의 이해를 촉진시키기

자아에 대한 아동의 이해를 어떻게 촉진시키는가?

놀이치료사는 감정 반영과 같은 구체적인 반응들을 언급함으로써 아동의 자아 인식을 발달시킬 수 있다. 아동은 감정에 대한 개인적인 인식을 높임으로써 자신의 감정적인 상태를 좀 더 파악할 수 있다. 또한 아동의 역량을 인정하는 반응들은 아동이 자신의 장점과 능력들을 확실하게 이해하도록 돕는다.

자아에 대한 이해를 촉진하는 두 가지 치료적인 반응

✼ 감정 반영하기

아동들은 치료사의 정확한 감정 반영을 통하여 자아에 대한 이해를 높일 수 있다. 아동은 자신의 감정들을 확인하고 타인에게 전달하는 법을 배운다.

> **예** 너는 가끔씩 혼자라고 느끼는구나.

감정을 반영하는 반응들을 5가지 나열하기

1.

2.

3.

4.

5.

✳ 자아존중감을 향상시키는 언급하기

자아존중감을 향상시키는 언급들을 통하여 아동들은 자신의 역량을 인식하고 더 나아가서 자신의 장점들을 이해할 수 있다.

예 너는 그 조각들을 맞추는 방법을 알아냈구나.

아동은 자신이 이러한 과업을 혼자서 해낼 수 있다는 메시지를 듣는다. 이러한 반응은 아동으로 하여금 자신의 긍정적인 자질과 능력들을 확인하고 인식하게끔 돕는다.

자아존중감을 발달시키는 반응들을 5가지 나열하기

1.
_____

2.
_____

3.
_____

4.
_____

5.
_____

이러한 두 가지 치료적인 반응들은 앞으로 좀 더 자세하게 다룰 것이다.

제5장

비언어적인 행동을 인정하기(행동 트래킹하기)

비언어적인 행동을 인정하는 것은 무엇인가?

• 치료사는 아동의 행동과 비언어적인 놀이에 반응한다. 치료사는 자신이 관찰한 아동의 행동을 언급한다.

> **예시** 그것(차)을 저쪽으로(터널) 미는구나.
> 그곳(물통)에 모래를 많이 넣는구나.
> 그것(펀치 백)을 발로 차는구나.

> **주의점** 치료사는 아동이 먼저 놀잇감을 명명하기 전에 명명하지 않는다.

비언어적인 행동을 왜 인정해야 하는가?

• 아동이 치료사에게 언어적으로 반응하지 않고 특정한 감정들을 표현하지 않을 때, 아동의 행동을 인정함으로써 아동은 치료사가 아동 자신의 세계에 관심을 가지며, 자신의 세계를 소중히 여기고 이해하려고 노력한다는 것을 느끼게 된다.

놀잇감을 명명하지 않은 이유

• 놀이치료사가 아동의 놀잇감과 행동들을 자신의 관점에 따라 명명할 때, 부정확한 가정(assumption)과 반응들이 표현될 수 있다.

예 만약 아동이 블록 하나를 모래 쪽으로 밀고 있고 놀이치료사가 "블록을 모래 깊숙이 밀고 있구나."라고 반응한다. 하지만 아동은 그 블록을 불도저, 우주선 또는 동물로 여길 수 있다.

명명을 삼가는 반응: "그것을 모래 속으로 밀고 있구나."

• 놀이치료사가 아동의 놀이를 부정확하게 명명할 때, 어떤 아동들은 치료사의 명명이 틀리다고 반응하고 또 다른 아동들은 반응하지 않을 수 있다. 놀이치료사가 놀잇감을 부정확하게 명명할 때 아동은 놀이치료사가 아동 자신을 잘 이해하지 못한다고 느끼게 된다.

• 놀잇감을 명명하지 않음으로써 놀이치료사는 아동의 창의성을 격려하는 좀 더 허용적인 분위기를 마련한다. 아동들은 놀잇감을 일반적인 방법이 아닌 독특한 방법으로 활용함으로써 좀 더 자유스러움을 느낄 수 있다. 놀이치료사는 놀잇감을 명명하지 않는 말들인 '그것들, 그것을, 저것들, 거기에'와 같은 용어를 사용한다.

비언어적인 행동을 인정하기-적절한 반응의 정도

1. 드물게 반응하기

만약 놀이치료사가 아동이 놀이하는 동안 조용히 있다면, 아동은 놀이치료사가 자신의 놀이를 지켜보거나 또는 자신에게 관심이 없다고 느끼게 된다. 놀이치료사는 치료사 자신이 아동 놀이의 한 부분이라고 아동이 느끼도록 해야 한다.

이것은 성인들의 대화에서도 마찬가지다. 성인들은 한 사람이 이야기를 듣고 언어적으로 반응할 때 다른 성인을 소중히 여기고 그 사람의 이야기를 귀담아 듣는다는 것을 안다. 마찬가지로 놀이치료사는 자신의 눈과 귀로 아동의 말을 귀담아 듣고, 듣고 본 것을 말로 나타낸다.

2. 너무 자주 반응하기

만약 놀이치료사가 비언어적인 행동을 지나치게 자주 언급한다면 놀이치료사는 자신이 아동의 놀이 행동들을 매번 언급하는 스포츠 아나운서처럼 느끼게 된다.

이러한 형태의 언급은 진실하다거나 대화라는 느낌을 전달하지 못한다. 아동은 치료사의 아나운서 같은 언급이 자신의 놀이를 방해한다고 느끼게 된다. 치료사는 이러한 반응들을 진실되고 대화체처럼 언급할 필요가 있다.

비언어적인 행동을 인정하기-반응을 개인화하기

놀이치료사는 "네가"라고 시작하며 반응한다. 이렇게 반응하는 것은 치료사의 반응을 개인화시키며 놀잇감이 아닌 아동에게 초점을 맞추게 된다. 또한 이러한 반응은 아동이 통제감을 느낄 수 있도록 돕는다.

> **예** 아동이 자동차라고 이미 명명한 놀잇감 하나를 가지고 놀고 있으며 그 자동차를 가지고 큰 원을 그리며 돌고 있다.

아동에게 초점 맞추기(아동이 권한을 부여받았다고 느끼도록 한다.)

• **네가** 차를 가지고 돌면서 운전하고 있구나.

놀잇감에 초점 맞추기(비개인화 반응; 아동이 권한을 부여받았다고 느끼거나 자신이 중요하다고 느끼지 못한다.)

• **그 차가** 원을 그리며 돌고 있구나.

- 첫 번째 놀이치료 회기에서 놀이치료사는 아동의 긴장감이나 불안을 감소시키기 위해 언어적으로 반응하고 아동의 비언어적인 행동을 인정하는 반응들을 많이 할 수 있다.

- 아동이 놀이에 매우 몰두해 있다면 반응들을 줄일 필요가 있다.

> **토론 사항**_ 놀이치료사가 진실되고 효율적으로 비언어적인 행동을 인정할 때 아동은 무엇을 경험하겠는가? 그러면 아동은 어떻게 느끼겠는가?

실습: 비언어적인 행동을 인정하기

1. 아동이 블록을 가지고 높은 탑을 쌓고는 무너뜨린다.

   반응: 네가 _____

2. 아동이 아기 인형의 머리를 빗는다.

   반응: 네가 _____

3. 아동이 선반들을 비우고는 놀잇감들을 재정리한다.

   반응: 네가 _____

4. 아동이 소방관 모자를 썼다가 벗고, 경찰 모자를 쓴다. 아동은 경찰 모자를 벗고는 왕관을 쓴다.

   반응: 네가 _____

5. 아동이 집, 해, 그리고 나무를 조용히 그린다. 그런 후에 검은색 물감으로 그린 그림을 덮어 칠한다.

   반응: 네가 _____

6. 아동이 병원놀이 세트에서 청진기를 가지고 자기 심장소리를 듣는다.

   반응: 네가 _____

7. 아동이 금전 등록기를 열고는 조용히 돈을 센다. 그리고는 돈을 다시 금전 등록기 서랍에 넣고는 서랍을 닫는다.

반응: 네가
_____

> **비디오 리뷰와 생각할 점_** 여러분의 놀이치료 회기 비디오를 다시 본다. 비언어적인 행동을 인정하는 반응들에 귀를 기울인다. 놀이치료 회기의 특정 부분에서 그러한 반응들을 늘리거나 줄이고 싶은가?
>
> 여러분의 반응이 진실되고 대화하는 것처럼 들리는가?
>
> 만약 비언어적인 행동을 인정하는 반응들을 늘릴 필요가 있다면, 그러한 반응들을 하지 못했던 곳을 8군데 찾는다.
>
> 놀이 행동을 기술하고 반응을 적는다.
>
> 이러한 기법을 활용하는 것에 대해 어떤 질문이 있는가?

효과적인 그리고 비효과적인 비언어적 행동을 인정하는 예

일반적인 정보

불안장애를 겪는 네 살 난 남자 아동을 어머니가 놀이치료에 의뢰하였다. 아동의 어머니는 집에서 자신이 방을 나갈 때마다 아동이 울며, 어머니만이 아동을 달랠 수 있다고 보고하였다. 어머니는 아동이 낯선 사람들 속에서 조용히 있으며 심지어는 어머니 이외의 다른 가족들과도 잘 지내지 못한다고 덧붙였다. 어머니는 아동이 항상 어머니 곁에 있으며 몇 달 후에 생길 아기 동생에 대해서도 기뻐하지 않는다고 보고하였다.

놀이 회기에서 발췌한 반응들

✳ 비언어적인 행동을 인정하기

아동	(놀이치료실에 들어와서 치료실에 있는 모든 장난감들을 말없이 둘러보기 시작하고는 긴장된 얼굴 표정을 짓는다.)
치료사	오늘 무엇을 가지고 놀래요?
논평	놀이치료사는 아동에게 질문을 하고 주도권을 행사함으로써 놀이치료 회기를 시작하고 있다. 놀이치료사는 아동이 놀기를 원한다고 가정하고 있으며 아동에게 치료실에 있는 놀잇감으로 놀기를 기대한다는 메시지를 전달한다. 놀이치료사는 아동이 결정하면 무엇이든지 수용된다는 메시지를 전달해야 한다. 놀이치료사는 아동의 놀이 활동에 통제권을 행사하기보다는 아동이 놀이치료 회기를 이끌어 갈 수 있도록 허용해야 한다. 더욱이 치료사는 위의 반응에서 아동의 감정에 반응하는 것을 놓치고 있다. 놀이치료사는 아동의 감정과 비언어적인 행동에 반응함으로써, 치료사 자신이 아동과 완전히 함께 있으며 아동에게 아동 자신의 감정과 생각들을 표현하는 것이 허용된다는 메시지를 전달해야 한다.

✳ 효과적인 반응

아동	(놀이치료실에 들어와서 치료실에 있는 모든 장난감들을 말없이 둘러보기 시작하고는 긴장된 얼굴 표정을 짓는다.)
치료사	너는 여기에 있는 것에 대해 불안해하며 치료실에 있는 모든 것을 훑어 보는구나.
논평	초보적인 놀이치료사들은 모든 아동들이 놀이치료실에서 놀기를 원할 거라고 가정하기 때문에 비활동적인 아동과의 놀이치료가 어려울 수 있다. 관찰한 행동과 활동들에 반응함으로써 놀이치료사는 아동에게 자신이 함께 있으며 아동에게 초점을 두고 있다는 것을 전달할 수 있다.

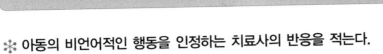

❋ **아동의 비언어적인 행동을 인정하는 치료사의 반응을 적는다.**

각 놀이치료 상황에 대한 반응을 적은 후에 다음 페이지를 보면서 여러분의 반응들과 효과적인 반응들을 비교한다. 여러분의 반응들을 적기 전에 효과적인 반응들을 보고 싶은 욕구를 참는다.

아동: (트럭 한 대를 가지고 모래 상자 안에서 가로지르며 밀고 있다.) 붕.

치료사: ┄┄┄┄┄┄┄┄┄┄┄┄┄┄┄┄┄┄┄┄┄┄┄┄┄┄┄┄┄┄

아동: (모래를 한줌 뜬 다음에 트럭 뒤에 싣는다.)

치료사: ┄┄┄┄┄┄┄┄┄┄┄┄┄┄┄┄┄┄┄┄┄┄┄┄┄┄┄┄┄┄

아동: (트럭을 모래 상자의 다른 쪽으로 밀고는 모래를 쏟는다.)

치료사: ┄┄┄┄┄┄┄┄┄┄┄┄┄┄┄┄┄┄┄┄┄┄┄┄┄┄┄┄┄┄

아동: (일어나서 놀이치료실을 둘러보기 시작한다.)

치료사: ┄┄┄┄┄┄┄┄┄┄┄┄┄┄┄┄┄┄┄┄┄┄┄┄┄┄┄┄┄┄

아동: (비행기를 가지고 와서 모래 상자 안에 떨어뜨리고 모래 상자 안에서 놀 장난감들을 찾기 시작한다.)

치료사: ┄┄┄┄┄┄┄┄┄┄┄┄┄┄┄┄┄┄┄┄┄┄┄┄┄┄┄┄┄┄

아동: (모래 상자 안에 플라스틱으로 된 군인 인형들을 놓고는 아동이 가지고 간 모든 놀잇
감들을 가지고 놀이 장면을 꾸미기 시작한다.)

치료사: _____

아동: (군인들을 일직선으로 세우고는 군인들 주변에 벽을 만들기 시작한다.)

치료사: _____

아동: (트럭과 비행기를 모래 상자에서 꺼낸다.)

치료사: _____

아동: (군인들을 가지고 전쟁놀이를 시작하면서) 퍽, 쾅, 탁, 쿵.

치료사: _____

아동: (몇몇 군인들을 쓰러뜨린 후에 모래로 덮는다.)

치료사: _____

예: 비언어적인 행동을 인정하는 치료사의 반응들

아동: (트럭 한 대를 가지고 모래 상자 안에서 가로지르며 밀고 있다.) 붕.

치료사: 네가 그것을 그쪽으로 가로지르며 밀고 있구나.

아동: (모래를 한줌 뜬 다음에 트럭 뒤에 싣는다.)

치료사: 너는 거기에 그것을 싣고 있구나.

아동: (트럭을 모래 상자의 다른 쪽으로 밀고는 모래를 쏟는다.)

치료사: 너는 그것을 가지고 와서 여기에 쏟아 붓는구나.

아동: (일어나서 놀이치료실을 둘러보기 시작한다.)

치료사: 너는 다른 것을 찾고 있구나.

아동: (비행기를 가지고 와서 모래 상자 안에 떨어뜨리고 모래 상자 안에서 놀 장난감들을
　　　찾기 시작한다.)

치료사: 너는 거기에 그것을 놓고 다른 것을 찾고 있구나.

아동: (모래 상자 안에 플라스틱으로 된 군인 인형들을 놓고는 아동이 가지고 간 모든 놀잇
　　　감들을 가지고 놀이 장면을 꾸미기 시작한다.)

치료사: 네가 원하는 것을 모두 갖고 네가 원하는 대로 놓는구나.

아동: (군인들을 일직선으로 세우고는 군인들 주변에 벽을 만들기 시작한다.)

치료사: 네가 그것들을 일렬로 세우고 그것들을 보호하기 위한 벽을 쌓는구나.

아동: (트럭과 비행기를 모래 상자에서 꺼낸다.)

치료사: 너는 그것들을 꺼내는구나.

아동: (군인들을 가지고 전쟁놀이를 시작하면서) 퍽, 콸, 탁, 쿵.

치료사: 너는 그것들이 정말로 싸우는 것 같이 하는구나.

아동: (몇몇 군인들을 쓰러뜨린 후에 모래로 덮는다.)

치료사: 너는 그것들을 다치게 했구나. 그리고 지금은 그것들을 덮는구나.

제6장

내용을 반영하기

✸ 내용을 반영하는 것이 무엇인가?

• 치료사가 아동이 말한 것을 약간 다른 용어로 반복하여 언급하는 것이다.

예 아동이 모래 상자에서 놀면서 "조금 있으면 큰 지진이 일어날 거예요. 어느 누구도 지진을 막지 못해요. 심지어는 슈퍼맨도 막지 못해요."

반응: 어느 누구도 지진을 멈추게 하지 못하는구나.

• 아동이 접시들을 바닥에 놓으면서 "저녁 식사 시간이에요. 모두 저녁 먹으러 오세요."

반응: 너는 모든 사람들에게 저녁이 준비되었다는 것을 알려 주는구나.

✸ 내용 반영을 왜 하는가?

• 놀이치료사는 아동에 대화 내용을 반영함으로써 아동에게 치료사 자신이 아동의 메시지를 귀담아 듣고 이해한다는 것을 알려 준다. 또한 아동이 치료사의 메시지를 들으면서 자신이 말했던 것을 들을 수 있는 기회를 제공한다. 이렇게 함으로써 아동의 관점을 인정하며 아동의 자아에 대한 이해를 분명하게 돕는다.

• 놀이치료사가 아동의 감정 또는 내용을 반영하는 선택권을 가졌다면 놀이치료사는 아동의 감정에 반응하거나 또는 아동의 감정과 내용을 둘 다 합하여 반응한다. 만약 아동의 감정들이 분명하지 않다면 아동이 말하는 목소리 톤에 귀를 기울임으로써 메시지 속에 들어 있는 감정을 식별할 수 있다.

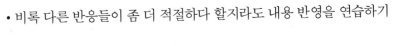

• 비록 다른 반응들이 좀 더 적절하다 할지라도 내용 반영을 연습하기

1. 아동이 인형을 가지고 놀면서 "이 인형이 배가 고파요. 그래서 내가 밥을 줄 거예요."

    반응: ＿＿＿＿＿＿＿＿＿＿＿＿＿＿＿＿＿＿＿＿＿＿＿＿＿

2. 아동이 군인 인형을 가지고 놀면서 "이 인형이 나쁜 사람들을 모두 죽일 거예요."

    반응: ＿＿＿＿＿＿＿＿＿＿＿＿＿＿＿＿＿＿＿＿＿＿＿＿＿

3. 아동이 가족 인형을 가지고 놀면서 "모두 잠 잘 시간이에요."

    반응: ＿＿＿＿＿＿＿＿＿＿＿＿＿＿＿＿＿＿＿＿＿＿＿＿＿

4. 아동이 가짜 돈을 정리하면서 "이 방에 있는 모든 것을 살 거예요."

    반응: ＿＿＿＿＿＿＿＿＿＿＿＿＿＿＿＿＿＿＿＿＿＿＿＿＿

5. 아동이 퍼핏 인형을 가지고 논다. 한 퍼핏 인형이 다른 퍼핏 인형에게 "난 내일 생일 파티를 열 거야."라고 말한다.

    반응: ＿＿＿＿＿＿＿＿＿＿＿＿＿＿＿＿＿＿＿＿＿＿＿＿＿

토론 사항_ 놀이치료사가 아동의 대화 내용에 반응할 때 아동은 무엇을 배우는가? 그렇다면 아동은 어떻게 느끼겠는가?

비디오 리뷰와 생각할 점_ 아동과의 놀이치료 회기를 비디오 녹화한다. 비디오를 다시 한 번 보고 내용을 반영하는 반응들에 귀 기울인다. 여러분이 반응하지 않고 조용히 있었던 때 중에서 내용을 반영할 수 있었던 곳을 8군데 찾는다. 여러분이 언급하였을 반응이나 향상시키고 싶은 내용 반응을 적는다.

비디오 리뷰 반응 형식_

아동_ 아동이 한 말을 적는다.

치료사_ 여러분의 반응을 적거나 또는 반응을 하지 않았다고 적는다.

효과적인 반응_ 여러분이 반응했었어야 한다고 생각하는 반응을 적는다.

효과적인 반응을 선택한 이유_ 효과적인 반응이 왜 좀 더 효과적이며 그리고/또는 어떻게 그 반응이 아동에게 영향을 미치는지 설명한다.

효과적인 그리고 비효과적인 내용 반영의 예

일반적인 정보

Tyler의 어머니인 Angie는 일곱 살 난 Tyler가 양아버지인 Alan과 관계를 맺는 데 어려움을 겪기 때문에 놀이치료에 의뢰하였다. Tyler의 친아버지는 Tyler가 18개월 되었을 때 집을 나갔으며, Tyler는 그 후로 친아버지와 연락을 하지 않았었다. Tyler의 어머니가 Alan을 만나기 전에는 매일 저녁과 주말을 Tyler와 함께 보냈었다. Tyler의 어머니가 양아버지를 2년 전에 만나 교제하기 시작할 때 Tyler는 몹시 화를 내기 시작하였다. Tyler의 어머니는 Tyler가 양아버지를 받아들일 거라고 생각하였으나 Tyler는 양아버지에 대하여 언어적으로 점점 더 적개심을 나타내었다.

Tyler와의 놀이 회기에서 발췌한 반응들

✳ 내용 반영하기

아동	Tyler가 펀치 백을 쳐다보았고 플라스틱 컵에다 모래를 넣고는 "나는 저 사람 오렌지 주스에 독을 넣어서 저 사람을 죽일 거야." 라고 말한다.
치료사	"네가 플라스틱 컵에 모래를 넣기로 결정했구나."
논평	놀이치료사는 Tyler 말의 중요성에 반응하지 못하였다. Tyler의 대화 내용은 Tyler가 모래를 컵에 넣는다는 사실보다도 매우 중요하다. 비언어적인 행동을 인정하는 것은 아동이 언어적으로 대화하지 않을 때 활용하는 중요한 반응이다. 그것은 아동으로 하여금 놀이치료사가 아동과 함께 있으며 아동을 소중히 여긴다는 것을 알게 하기 때문이다.

✻ 효과적인 반응

아동	Tyler가 펀치 백을 쳐다보았고 플라스틱 컵에다 모래를 넣고는 "나는 저 사람 오렌지 주스에 독을 넣어서 저 사람을 죽일 거야." 라고 말한다.
치료사	"너는 그 사람을 죽이기 위하여 독이 든 오렌지 주스를 원하는구나."
논평	Tyler의 언급을 인정하기 어려운 초보 놀이치료사들은 Tyler의 대화를 듣고는 놀랄 수 있다. Tyler의 비유적인 놀이에 대해서 뭔가 "잘못되었다." 고 언급하는 것을 삼간다.

✽ 아동의 내용을 반영하기 위한 치료사의 반응을 적는다.

　각 놀이치료 상황에 대한 반응을 적은 후에 다음 페이지를 보면서 여러분의 반응들과 효과적인 반응들을 비교한다. 여러분의 반응들을 적기 전에 효과적인 반응들을 보고 싶은 욕구를 참는다.

　아동: 어, 누가 여기에 있었어요? (아동이 허리를 구부린 후 모래 상자 쪽을 보면서 모래에 있는 발자국들을 손가락으로 가리킨다.)

　치료사: _____

　아동: 누가 그랬어요? 선생님 신발 바닥 좀 볼게요.

　치료사: _____

　아동: 음, 아닐 거야.

　치료사: _____

　아동: (삽으로 모래를 퍼서 발자국을 덮기 시작한다. Joshua는 자신의 손을 모래 속에 넣고는 모래를 한쪽에서 다른 쪽으로 옮기기 시작한다.) 지진이다!

　치료사: _____

　아동: 배트맨과 Robin이 있어요. (Joshua는 지진에 모래를 떨어뜨린다.)

치료사:
_____

아동: 하지만 그들은 지진을 멈추게 할 수 없어요.

치료사:
_____

아동: 이건 할 수 있어요!

치료사:
_____

아동: (Joshua는 자기 왼쪽 손을 묻기 시작한다.) 배트맨이 죽었어요. (목소리 톤이 슬프다.)

치료사:
_____

아동: 아니요. 슈퍼맨이 배트맨을 묻고 있어요.

치료사:
_____

아동: 착한 군대 탱크가 옵니다. 이 탱크는 지진을 멈출 수 있어요. 그리고 배트맨을 꺼낼 수 있어요. 살았다! (기쁜 목소리로)

치료사:
_____

아동: 벽들이 다시 다가오고 있어요. 무서워요.

치료사:
_____

아동: 그 사람이 떨어져서 땅속으로 빠졌어요. (나쁜 사람이라고 이전에 명명한 손을 가리킨다.)

치료사: _____

아동: 자, 가까이 오지 마!

치료사: _____

아동: 나쁜 사람과 좋은 사람. (두 손을 본다.)

치료사: _____

예: 내용을 반영하는 치료사의 반응들

아동: 어, 누가 여기에 있었어요? (아동이 허리를 구부린 후 모래 상자 쪽을 보면서 모래에 있는 발자국들을 손가락으로 가리킨다.)

치료사: 네가 거기에 발자국이 있다는 것을 알아차렸구나.

아동: 누가 그랬어요? 선생님 신발 바닥 좀 볼게요.

치료사: 너는 내 신발 바닥을 보고 그 발자국이 내 신발 자국인지 알고 싶어하는구나.

아동: 음, 아닐 거야.

치료사: 너는 내 신발 자국이 아닐 거라고 생각하는구나.

아동: (삽으로 모래를 퍼서 발자국을 덮기 시작한다. Joshua는 자신의 손을 모래 속에 넣고는 모래를 한쪽에서 다른 쪽으로 옮기기 시작한다.) 지진이다!

치료사: 지진이 생겼구나.

아동: 배트맨과 Robin이 있어요. (Joshua는 지진에 모래를 떨어뜨린다.)

치료사: 배트맨과 Robin은 지진에 뭔가를 떨어뜨렸구나.

아동: 하지만 그들은 지진을 멈추게 할 수 없어요.

치료사: 그들이 하는 것은 지진을 멈추기에 충분하지 않구나.

아동: 이건 할 수 있어요!

치료사: 오, 그건 멈추게 할 수 있구나.

아동: (Joshua는 자기 왼쪽 손을 묻기 시작한다.) 배트맨이 죽었어요. (목소리 톤이 슬프다.)

치료사: 네가 슬프구나. 배트맨이 죽었고, 너는 배트맨을 묻는구나.

아동: 아니요. 슈퍼맨이 배트맨을 묻고 있어요.

치료사: 오, 슈퍼맨이 배트맨을 묻고 있구나.

아동: 착한 군대 탱크가 옵니다. 이 탱크는 지진을 멈출 수 있어요. 그리고 배트맨을 꺼낼 수 있어요. 살았다! (기쁜 목소리로)

치료사: 너는 배트맨이 다시 살게 되어 너무 기쁘구나.

아동: 벽들이 다시 다가오고 있어요. 무서워요.

치료사: 그 사람이 너무 무서워하는구나. 그 사람은 어떻게 해야 할지 모르는구나.

아동: 그 사람이 떨어져서 땅속으로 빠졌어요. (나쁜 사람이라고 이전에 명명한 손을 가리킨다.)

치료사: 오, 나쁜 사람이 빠졌구나.

아동: 자, 가까이 오지 마!

치료사: 너는 그 사람에게 가까이 오지 말라고 경고하는구나.

아동: 나쁜 사람과 좋은 사람. (두 손을 본다.)

치료사: 어떤 사람들은 나쁜 사람이고 어떤 사람들은 좋은 사람이구나.

제 7 장

감정을 반영하기

✼ 감정을 반영하는 것이 무엇인가?

- 감정을 반영하는 것은 아동의 감정과 욕구들을 이해하고 수용한다는 것을 의미한다. 또한 감정 반영은 놀이치료사가 아동에게 관심이 있으며 아동을 이해하려고 노력한다는 것을 나타낸다.

- 이러한 과정은 아동이 그들의 감정들을 이해하고 수용하며 명명하도록 돕는다.

- 아동들은 또한 자신의 감정들을 언어적으로 표현하는 것을 배운다. 만약 아동이 감정을 표현하였을 때, 치료사가 아동의 감정을 인식하지 않았다면 아동들은 그들의 감정 또는 표현이 수용되지 못한다고 생각하게 된다.

✼ 감정들을 인정하기

네가 좌절감을 느끼는구나…   네가 기뻐 보인다.
네가 행복해 보이는구나…   네가 슬프구나.
네가 화났구나…   네가 …하길 정말로 원하는구나.
네가 혼동스럽구나…   네가 …하는 것을 싫어하는구나.

'감정들'을 나타내는 단어 20개를 적는다(예: 행복하다, 슬프다, 두렵다).

✎
_____
_____
_____
_____
_____

✳ 감정을 나타내는 단어들

성나게 하다	화나다	성가시다	약 올리다
당황하다	놀라다	창피하다	실망하다
무섭다	두렵다	겁나다	긴장되다
지치다	압도되다	충격을 받다	걱정되다
슬프다	외롭다	불행하다	사랑 받지 못하다
행복하다	흡족하다	흥분되다	기쁘다
확고하다	자신 있다	자랑스럽다	만족스럽다
역량 있다	결의가 있다	안정감이 있다	확고하다
사랑스럽다	고마움을 느끼다	소중히 여기다	열광적이다
쾌활하다	걱정 없다	안도감을 느낀다	

1. "Terry야, 이곳이 놀이치료실이란다. 여기서는 네가 원하는 것을 뭐든지 할 수 있단다.' 라고 여러분이 말한다. 아동이 신이 나서 뛰면서 "정말로요?" 라고 말한다.

   반응: _____

2. 아동이 가족 인형을 가지고 놀고 있다. 한 인형이 다른 인형에게 소리를 지른다.

   반응: _____

3. 아동이 저녁 식사를 식탁에 차리는 흉내를 낸다. 아동은 웃으면서 "나는 어떻게 하는지 잘 알고 있어요." 라고 말한다.

   반응: _____

4. 아동이 펀치 백을 때리고는 웃는다.

   반응: _____

5. 아동이 치료사의 손에 수갑을 채운 후 웃는다.

   반응: _____

6. 아동이 물통을 떨어뜨렸고, 치료실 바닥 전체에 물이 튀겼다.

   반응: _____

7. 아동이 다트 총을 천장에 있는 형광등에 조준한다. 놀이치료사는 제한을 설정하고 아동은 총을 바닥에 던지고는 발로 바닥을 쿵쿵 소리 내며 걷는다.

반응: _____

8. 아동이 병원놀이 세트를 조심스럽게 연다. 아동은 주사기를 꺼내기 시작하다가 재빨리 다시 세트 안에 넣고는 다른 놀잇감을 가지고 놀기 시작한다.

반응: _____

비디오 리뷰와 생각할 점_ 아동과의 놀이치료 회기를 비디오 녹화한다. 비디오를 다시 한 번 보고 감정을 반영하는 반응들에 귀 기울인다. 여러분이 반응하지 않고 조용히 있었던 때 중에서 감정을 반영할 수 있었던 곳을 8군데 찾는다. 다음의 형식으로 반응들을 적는다.

비디오 리뷰 반응 형식_
아동_ 아동이 한 말이나 행동을 적는다.
치료사_ 여러분의 반응을 적거나 또는 반응을 하지 않았다고 적는다.
효과적인 반응_ 여러분이 반응했었어야 한다고 생각하는 반응을 적는다.
효과적인 반응을 선택한 이유_ 효과적인 반응이 왜 좀 더 효과적이며 그리고/또는 어떻게 그 반응이 아동에게 영향을 미치는지 설명한다.

효과적인 그리고 비효과적인 감정 반영의 예

일반적인 정보

일곱 살 난 남자 아동의 부모가 아동이 학교에서 경험한 정신적인 충격(trauma)으로 인하여 아동을 놀이치료에 의뢰하였다. 아동의 어머니는 아동과 가장 가까웠던 선생님이 최근에 다른 곳으로 전근을 가셨다고 보고하였다. 학교 당국에서는 대체할 선생님을 아직 찾지 못하였고 보조 교사들이 돌아가면서 아동의 학급을 지도하였다. 어머니는 아동이 학교를 가야 한다는 사실에 무척 슬퍼하였고, 학교가 싫다는 언급을 종종 하였다고 보고하였다. 아동의 어머니는 아동의 이러한 행동은 아동의 담임선생님이 전근을 가신 후에 일어난 매우 중요한 변화라고 보고하였다.

놀이 회기에서 발췌한 반응들

✽ 감정 반영하기

아동	(매우 슬픈 목소리로) 우리 선생님이 전근 가셔서 새로운 선생님이 오실 거예요.
치료사	너는 새로운 선생님을 만날 거라는 것을 알고 있구나.
논평	이러한 반응은 내용을 반영하는 것이다. 비록 치료사의 반응이 아동에게 초점을 맞추고 있지만, 놀이치료사는 아동이 표현한 감정에 반응할 기회를 놓치고 있다. 만약 치료사가 아동이 한 말의 내용보다 아동의 감정을 반영하였다면, 놀이치료 회기는 더욱 깊은 단계로 발전하여 아동이 자신의 감정을 확인하고 언어로 표현하는 것을 배우도록 도울 수 있다.

✳ 효과적인 반응

아동	(매우 슬픈 목소리로) 우리 선생님이 전근 가셔서 새로운 선생님이 오실 거예요.
치료사	너는 선생님이 전근 가셔서 슬프고 선생님을 무척 그리워하는구나.
논평	이러한 반응은 아동의 감정을 인정하고 아동으로 하여금 놀이치료사가 아동을 이해한다는 것을 느끼도록 한다. 또한 아동과 치료사 간의 믿을 수 있는 관계를 형성하도록 돕는다. 치료사는 또한 아동의 감정이 중요하다는 것을 전달하게 된다.

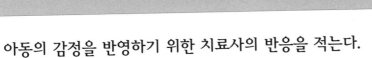

아동의 감정을 반영하기 위한 치료사의 반응을 적는다.

각 놀이치료 상황에 대한 반응을 적은 후에 다음 페이지를 보면서 여러분의 반응들과 효과적인 반응들을 비교한다. 여러분의 반응들을 적기 전에 효과적인 반응들을 보고 싶은 욕구를 참는다.

아동: (선반에서 놀잇감 하나를 꺼낸 후 놀이치료사를 향해 다가온다.) 이게 뭔지 알아요. · 집에도 하나 있고, 학교에도 하나 있어요.

치료사: _____

아동: 난 친구와 놀고 싶어서 학교에 가고 싶어요.

치료사: _____

아동: (칠판으로 가서 뭔가를 그리기 시작한다.) 하지만 어떤 때는 우리 모두 책을 읽어야 해요.

치료사: _____

아동: 그래요. (계속해서 그린다.)

치료사: _____

아동: 전 칠판에 그림 그리는 걸 좋아해요. 하지만 선생님이 칠판은 선생님만 써야 한다고 해서 저는 못 그려요.

치료사: _____

아동: 우린 우리가 원하는 것을 가지고 놀지도 못해요. 우리는 선생님이 하라는 대로 해야만 해요.

치료사: _____

아동: (모래 상자에서 놀기 시작한다.) 전 이것도 좋아해요.

치료사: _____

아동: 하지만 엄마랑 놀이터에 가면 더러워질까 봐 모래를 가지고 놀지도 못해요.

치료사: _____

아동: 하지만 아빠랑 놀이터에 가면 가끔씩 모래에서 놀 수 있어요.

치료사: _____

아동: 아빠는 일해야 하기 때문에 자주 갈 수 없어요.

치료사: _____

예: 감정을 반영하는 치료사의 반응들

아동: (선반에서 놀잇감 하나를 꺼낸 후 놀이치료사를 향해 다가온다.) 이게 뭔지 알아요. 집에도 하나 있고, 학교에도 하나 있어요.

치료사: 너는 다른 곳에서 놀던 장난감들을 보니 기분이 좋구나.

아동: 난 친구와 놀고 싶어서 학교에 가고 싶어요.

치료사: 넌 학교를 좋아하고 친구와 즐거운 시간을 갖는구나.

아동: (칠판으로 가서 뭔가를 그리기 시작한다.) 하지만 어떤 때는 우리 모두 책을 읽어야 해요.

치료사: 너는 학교에서 책을 읽어야 하는 걸 싫어하는구나.

아동: 그래요. (계속해서 그린다.)

치료사: 너는 거기에 뭔가를 그리고 있구나…. 너는 네가 그리는 것에 매우 집중하고 있구나.

아동: 전 칠판에 그림 그리는 걸 좋아해요. 하지만 선생님이 칠판은 선생님만 써야 한다고 해서 저는 못 그려요.

치료사: 너는 칠판에 그리지 못하기 때문에 무척 화가 나 있구나.

아동: 네. 우린 우리가 원하는 것을 가지고 놀지도 못해요. 우리는 선생님이 하라는 대로 해야만 해요.

치료사: 너는 학교에서 놀지 못해서 화가 났구나.

아동: (모래 상자에서 놀기 시작한다.) 전 이것도 좋아해요.

치료사: 너는 네가 좋아하는 다른 것을 찾았구나.

아동: 하지만 엄마랑 놀이터에 가면 더러워질까 봐 모래를 가지고 놀지도 못해요.

치료사: 너는 놀이터에서 네가 원하는 대로 놀지 못해 실망스럽구나.

아동: 하지만 아빠랑 놀이터에 가면 가끔씩 모래에서 놀 수 있어요.

치료사: 너는 아빠와 놀이터에 가는 걸 좋아하는구나.

아동: 아빠는 일해야 하기 때문에 자주 갈 수 없어요.

치료사: 너는 아빠와 함께 놀이터에 자주 가지 못하니 슬프구나.

놀이치료사의 목소리와 표현의 톤

✳ 놀이치료사의 목소리 톤을 활용하여 의미와 감정을 표현하기

- 어떤 사람들은 어린 아동들과 대화할 때 다른 목소리 톤을 사용한다. 그들은 높은 소리로 말하거나 또는 대화의 마지막 부분에 목소리 톤을 높인다.

- 단조로운 목소리는 아동에 대한 관심을 나타내지 못한다. 참된 치료사는 자신의 성격을 놀이치료에서 활용한다. 치료사는 자신의 일상생활에서 다른 사람들과 대화를 나눌 때 사용하는 대화 톤을 놀이치료에서도 사용한다.

- 아동이 기뻐하지 않을 때 치료사가 아동에게 지나치게 흥분된 목소리로 반응한다면 아동은 뭔가 잘못되었다고 생각하게 된다. 또한 아동은 자신이 놀이치료사처럼 흥분하지 않았기 때문에 자기 행동을 신뢰할 수 없게 된다.

예를 들어, 아동이 아기 우유병을 찾다가 결국에 찾았다. (아동은 기뻐하지 않는다.) 치료사는 "와! 네가 찾았구나!"라고 반응한다. 이러한 반응은 아동이 경험하지 않는 기쁜 감정을 전달하며 따라서 아동의 행동 결과를 이끌거나 구조화시키게 된다.

생각할 점 아동과 대화 나누는 성인들을 관찰하기. 아동과 대화하는 성인들이 활용하는 효과적인 그리고 비효과적인 방법들은 무엇인가?

❋ 놀이치료사의 목소리와 표현의 톤은 아동의 감정과 일치한다.

- 놀이치료 회기 동안, 아동들은 자신의 감정들과 자신에 대한 이해를 많이 향상시킨다. 아동의 감정을 반영하거나 경험을 인정할 때, 놀이치료사의 목소리 톤은 아동의 표현과 경험을 그대로 비추어 나타낼 필요가 있다.

아동이 조용하고 엄숙하게 사람인형들을 몇 명 모래 속에 묻는다.

부정확한 반영 치료사는 기쁘고 또는 흥분한 목소리 톤으로 "너는 그 사람들을 모래에 어떻게 묻는지 아는구나."라고 말한다.

정확한 반영 치료사는 엄숙한 목소리 톤으로 "너는 그 사람들을 모래에 묻는구나."라고 말한다.

아동이 화나 보이고 펀치 백을 때리고 발로 차고 있다.

부정확한 반영 치료사는 조용하고 슬픈 목소리로 "오, 안 돼. 너는 정말로 그것을 심하게 공격하는구나."(거의 펀치 백의 감정을 공감하고 있다.)라고 말한다.

정확한 반영 치료사는 화난 목소리로 "너는 정말로 화가 났구나. 너는 그걸 심하게 공격하고 있구나."라고 말한다.

생각할 점 여러분은 어떤 감정들에 공감적으로 반응할 때 가장 어려움을 갖는가? 아동의 감정에 반응할 때, 어떻게 하면 공감적으로 반응하며 아동의 감정과 일치하는 목소리 톤으로 반응할 수 있는가?

✳ **놀이치료사의 목소리와 표현의 톤은 치료사 자신의 반응들과 일치한다.**

아동은 슬픈 목소리로 모든 사람들이 지진으로 죽었다고 말한다.

부정확한 반응 치료사는 마음 편한 목소리로 "너는 모든 사람들이 지진으로 죽은 것을 슬퍼하는구나." 라고 말한다.

정확한 반응 치료사는 슬픈 목소리로 "너는 모든 사람들이 지진으로 죽은 것을 슬퍼하는구나." 라고 말한다.

• 비록 당연하게 들릴지 모르지만, 놀이치료사의 목소리 또는 표현의 톤에는 아동의 경험의 깊이와 정도를 그대로 반영하는 것이 중요하다. 아동들은 자신의 감정과 생각들을 표현하기 위하여 놀잇감을 활용한다. 그들의 놀이는 의미 있는 것이며 종종 그들의 삶의 경험을 그대로 표현하는 것이다.

생각할 점 여러분의 목소리 톤이 여러분이 경험한 감정과 일치하지 않았던 상황을 기술하기. 여러분은 그 문제를 어떻게 해결한 것인가?

감정 반영을 위한 효과적인 방법들

1. 놀이치료사는 "네가(또는 아동의 이름을 덧붙인다)"로 시작하는 감정 반영을 전달함으로써 아동이 자기 스스로의 감정이라는 것을 느끼도록 개인화시켜 반응한다.

2. 감정 반영을 할 때 "~처럼 느끼는구나."라는 말을 반복하지 않는다.

3. 놀이치료사는 자신의 개인적인 생활에서 자신이 피하고 싶어 하는 또는 불편하게 느끼는 감정에 대하여 인식해야 한다.

> **토론 사항_** 놀이치료사가 아동의 감정들을 반영할 때 아동은 무엇을 배우는가? 그렇다면 아동은 어떻게 느끼는가?
>
> 여러분이 피하고 싶어 하는 감정들 또는 표현하기 어려운 감정들은 무엇인가?
>
> **비디오 리뷰와 생각할 점_** 아동과의 놀이치료 회기를 비디오 녹화한다. 비디오를 다시 한 번 보고 감정을 반영하는 반응들에 귀 기울인다. 여러분의 목소리 톤이 적절하였거나 또는 정확하게 반응하지 않았던 곳을 8군데 찾는다. 어떻게 여러분의 목소리 톤을 향상시켜야 하는지 설명한다.

아동을 주도하는 것에 대한 논의들

어떤 놀이치료사들은 아동의 의사결정권과 책임을 촉진하기보다 아동을 주도하는 언급이나 제안들을 한다.

아동이 어떤 한 가지 상황에 대하여 주도권을 가지고 다음에 하고 싶은 것은 무엇인지 결정해야 할 때, 좀 더 자발적이고, 독립적이게 되며, 자신의 생각들을 좀 더 창의적으로 이끌어 갈 수 있게 된다.

예

아동: 놀이치료실에 들어온다.

치료사: "이 인형의 집 좀 보렴! 네가 가족에 대한 이야기를 꾸밀 수 있단다."

아동: "뭘 그릴까요?"

치료사: "네 가족 그림을 그리렴."

이러한 치료사의 반응들로 치료사는 아동의 행동을 주도하게 되고 아동이 원하는 방향으로 치료를 이끌어 가지 않으며 아동이 결정권을 행사할 수 있는 기회를 감소시킨다.

토론 사항_ 놀이치료사가 아동을 주도하거나 제안을 할 때 아동은 무엇을 배우는가?

비디오 리뷰와 생각할 점_ 비디오테이프에 녹화한 놀이치료 회기를 다시 본다. 아동을 이끌거나 주도한 반응들을 적는다. 그러한 치료사의 반응들이 아동에게 어떻게 미치는지 언급한다.

제 8 장

의사결정권과 책임감을 촉진하기

✳ 의사결정권과 책임감을 촉진하는 것이 무엇인가?

- 아동이 놀이치료사에게 질문을 하거나 도움을 청할 때, 놀이치료사는 아동이 스스로 답변을 찾거나 문제를 해결하여 책임감을 발달시키는 반응을 할 수 있다. 그러한 반응들은 아동으로 하여금 스스로 의사결정권을 행사하도록 격려하며 자신의 현 근심에 대해 책임감을 가지고 대처할 수 있도록 격려한다.

예시

아동: "무엇을 가지고 제일 먼저 놀까요?"
치료사: "여기서 네가 원하는 것을 결정하는 사람은 바로 너란다."

✳ 의사결정권을 촉진하는 그 밖의 다른 예들

- "그것은 네가 원하는 대로 될 수 있단다."
- "너는 그 색깔을 네가 원하는 색깔로 여기고 그릴 수 있단다."
- "여기서는 그 글자를 네가 원하는 글자로 여기고 사용할 수 있단다."

✳ 왜 아동의 의사결정권과 책임감을 촉진해야 하는가?

- 아동은 어린 나이 때부터 자신을 위하여 어떻게 의사결정권을 행사하는지 또는 책임감을 발달시키는지를 배울 수 있다. 그러한 기법들은 아동기를 통하여 발달

하며 아동이 십대 그리고 그 이후의 성인기를 통하여 결정권을 행사하도록 돕는다.

- 의사결정권과 자아 책임감을 배울 기회를 가진 아동들은 주도적이며, 스스로 동기를 유발할 수 있으며, 좀 더 자신의 생활에서 통제감을 느낄 수 있다.

- 책임감은 경험을 통해서 배울 필요가 있다. 스스로 결정권을 행사할 수 있는 아동들을 위하여 성인들이 아동 대신 결정권을 행사할 때, 아동들은 책임감을 배울 기회를 박탈당하게 된다. 이때 아동은 자아 책임감을 발달시키기보다는 성인들에게 더욱 의존하는 법을 배우게 된다.

❊ 왜 아동이 도움을 청할 때 바로 돕지 않는가?

- 아동들은 자신들이 할 수 없다는 것을 배우며, 무력하다고 느낄 수 있으며, 자신들이 할 수 있는 과제를 완수할 때도 성인에게 의존하는 것을 배운다. 성인들이 아동들을 위하여 그들의 과제를 완수할 때, 아동들은 스스로 해결할 수 있는 기회를 놓치게 된다. 아동들이 과제를 위하여 노력을 다할 때, 그들은 성취감을 느끼고, 과제를 마쳤다는 자부심을 느끼게 된다.

생각할 점 초보 놀이치료사들은 아동이 한 가지 과제를 해결하려고 애를 쓸 때, 아동을 바로 돕고자 하는 강한 욕구를 느낀다. 이러한 놀이치료사는 돕는 사람으로서의 자신들과 아동(또는 애를 쓰는 사람)에 대하여 어떤 생각들을 가지고 있는가?

실습: 의사결정권과 책임감을 촉진하기

1. 아동이 놀잇감을 하나 들고는 "이것은 무엇에 쓰는 거예요?"라고 묻는다.

   반응: ⋯⋯⋯⋯⋯⋯⋯⋯⋯⋯⋯⋯⋯⋯⋯⋯⋯⋯⋯⋯⋯⋯⋯⋯⋯⋯⋯⋯⋯⋯

2. 첫 번째 놀이치료 회기에서 아동이 놀이치료실에 들어와서는 놀이치료사를 보면서 "뭘 해야 하죠?"라고 묻는다.

   반응: ⋯⋯⋯⋯⋯⋯⋯⋯⋯⋯⋯⋯⋯⋯⋯⋯⋯⋯⋯⋯⋯⋯⋯⋯⋯⋯⋯⋯⋯⋯

3. 아동이 공룡 인형을 들고는 "이게 어떤 종류의 공룡이죠?"라고 묻는다.

   반응: ⋯⋯⋯⋯⋯⋯⋯⋯⋯⋯⋯⋯⋯⋯⋯⋯⋯⋯⋯⋯⋯⋯⋯⋯⋯⋯⋯⋯⋯⋯

4. 아동이 부엌 놀이 영역에서 저녁 식사를 준비하면서 "저녁으로 뭘 만들까요?"라고 묻는다.

   반응: ⋯⋯⋯⋯⋯⋯⋯⋯⋯⋯⋯⋯⋯⋯⋯⋯⋯⋯⋯⋯⋯⋯⋯⋯⋯⋯⋯⋯⋯⋯

5. 아동이 놀이치료사를 보지도 않고 치료사에게 종이조각들을 보이면서 "쓰레기통이 어디에 있어요?"라고 묻는다.

   반응: ⋯⋯⋯⋯⋯⋯⋯⋯⋯⋯⋯⋯⋯⋯⋯⋯⋯⋯⋯⋯⋯⋯⋯⋯⋯⋯⋯⋯⋯⋯

6. 여섯 살 난 아동이 물을 바닥에 쏟고는 "치워 주세요."라고 말한다.

   반응: ⋯⋯⋯⋯⋯⋯⋯⋯⋯⋯⋯⋯⋯⋯⋯⋯⋯⋯⋯⋯⋯⋯⋯⋯⋯⋯⋯⋯⋯⋯

토론 사항_ 놀이치료사가 의사결정권을 촉진하는 반응들을 할 때 아동들은 무엇을 배우는가?

비디오 리뷰와 생각할 점_ 아동과의 놀이치료 회기를 비디오 녹화한다. 비디오를 다시 한 번 보고 의사결정권과 책임감을 촉진하는 반응들에 귀 기울인다. 의사결정권을 촉진하지 못했던 곳을 8군데 찾는다. 다음의 형식으로 반응들을 적는다.

아동_ 아동이 한 말이나 행동을 적는다.

치료사_ 여러분의 반응을 적거나 또는 반응을 하지 않았다고 적는다.

효과적인 반응_ 여러분이 반응했었어야 한다고 생각하는 반응을 적는다.

효과적인 반응을 선택한 이유_ 효과적인 반응이 왜 좀 더 효과적이며 그리고/또는 어떻게 그 반응이 아동에게 영향을 미치는지 설명한다.

효과적인 그리고 비효과적인 의사결정권을 촉진하는 반응들의 예

일반적인 정보

여섯 살 난 여자 아동의 어머니는 아동의 학교생활에의 적응을 돕기 위하여 놀이치료에 의뢰하였다. 어머니는 아동이 학교에서 선생님과 관계 맺는 데 어려움을 경험하고 있다고 보고하였다. 선생님은 아동이 수업 시간에 문제를 푸는 것을 어려워 하며 아동이 과제를 어떻게 푸는지를 알면서도 종종 도움을 구한다고 아동의 어머니에게 알렸다. 또한 어머니는 아동이 집에서 쉬운 일을 할 때도 부모의 도움과 허락을 종종 구한다고 보고하였다.

놀이 회기에서 발췌한 반응들

❋ 의사결정권을 촉진하기

아동	(병원놀이 세트를 들고는) 이게 뭐예요? 어떻게 쓰는 거죠?
치료사	그것은 병원놀이 세트란다. 네가 의사인 것처럼 할 수 있지.
아동	(청진기를 들고는) 이건 뭐하는 거죠?(청진기를 귀에 꽂는다.)
치료사	그것을 귀에 꽂고 심장 소리를 듣는 거란다.
논평	놀이치료사는 아동의 질문들에 답함으로써 놀이치료 회기를 이끌어 가고 있으며 치료사의 역할보다는 선생님의 역할을 하고 있다. 치료사는 아동의 잠재력 속에 있는 결정권과 선택들을 행사할 수 있는 아동의 능력을 촉진해야 한다. 놀이치료실에서 아동은 놀잇감들을 탐색하며 자신이 원하는 방법들로 놀잇감들을 활용할 기회를 갖는다. 이러한 경험은 아동으로 하여금 의사결정권 기술들을 발달시킨다.

❊ 효과적인 반응

아동	(병원놀이 세트를 들고는) 이게 뭐예요? 어떻게 쓰는 거죠?
치료사	너는 그것을 어떻게 쓰는지를 결정하려고 하는구나.
아동	(청진기를 들고는) 이건 뭐하는 거죠? (청진기를 귀에 꽂는다.)
치료사	그것이 뭔지 궁금하구나. 하지만 너는 그것을 어떻게 쓰는지 아는 것 같구나.
논평	아동이 놀잇감들을 탐색하고 자신이 원하는 방법들을 결정할 때 놀이치료사는 의사결정권을 행사하는 아동의 능력을 격려하고 촉진하게 된다.

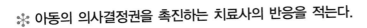

사례 연구 실습

✳ 아동의 의사결정권을 촉진하는 치료사의 반응을 적는다.

각 놀이치료 상황에 대한 반응을 적은 후에 다음 페이지를 보면서 여러분의 반응들과 효과적인 반응들을 비교한다. 여러분의 반응들을 적기 전에 효과적인 반응들을 보고 싶은 욕구를 참는다.

아동: (놀이치료실에 들어와서는 치료실을 둘러본다.) 뭘 해야 하죠?

치료사: _____

아동: (미술과 공예 책상으로 걸어가서 종이 한 장을 꺼낸다.) 저는 뭘 할 수 있는지 알고 있어요.

치료사: _____

아동: 저는 우리 엄마를 그릴 거예요.

치료사: _____

아동: (색깔 있는 사인펜/크레용들을 꺼내서 그리기 시작한다.)

치료사: _____

아동: 무지개를 그릴 거예요.

치료사: _____

아동: 네… 제 무지개를 무슨 색으로 그릴까요?

치료사: _____

아동: 파란색과 빨간색이 제가 제일 좋아하는 색깔이니까 그걸로 그릴 거예요.

치료사: _____

아동: 이제는 꽃들을 그릴 거예요.

치료사: _____

아동: (꽃들을 그리기 시작한다.)

치료사: _____

아동: (치료사에게 그린 그림을 가지고 온다.) 다 했어요. 이것을 엄마에게 줄 거예요.

치료사: _____

아동: (놀이치료실에 들어와서는 치료실을 둘러본다.) 뭘 해야 하죠?

치료사: 여기서는 네가 원하는 놀이를 결정할 수 있단다.

아동: (미술과 공예 책상으로 걸어가서 종이 한 장을 꺼낸다.) 저는 뭘 할 수 있는지 알고 있어요.

치료사: 네가 하고 싶은 것을 알아냈구나.

아동: 저는 우리 엄마를 그릴 거예요.

치료사: 너는 무슨 계획을 가지고 있고 뭘 하고 싶은지 알고 있구나.

아동: (색깔 있는 사인펜/크레용들을 꺼내서 그리기 시작한다.) 무지개를 그릴 거예요.

치료사: 너는 네가 원하는 것을 알고 있고 어떻게 하는지도 알고 있구나.

아동: 네… 제 무지개를 무슨 색으로 그릴까요?

치료사: 너는 무슨 색으로 그릴지 결정할 수 있단다.

아동: 파란색과 빨간색이 제가 제일 좋아하는 색깔이니까 그걸로 그릴 거예요.

치료사: 너는 무슨 색으로 그릴지를 결정하였구나.

아동: 이제는 꽃들을 그릴 거예요.

치료사: 너는 다음에 그리고 싶은 것을 결정했구나.

아동: (꽃들을 그리기 시작한다.)

치료사: 너는 열심히 그리는구나.

아동: (치료사에게 그린 그림을 가지고 온다.) 다 했어요. 이것을 엄마에게 줄 거예요.

치료사: 너는 네가 원하는 것을 가졌고 엄마에게 줄 걸 생각하니 더욱 기쁘구나.

아동을 돕는 것에 대한 지침들

1. 아동이 하나의 과제를 완성하려고 애를 쓸 때 바로 돕지 않는다. 아동이 도움을 청할 때까지 기다린다.

아동이 그 과제를 해결하려고 노력하는 동안 아동을 격려한다.

• 너는 그것을 끝내려고 정말로 열심히 하는구나.

• 그것을 여는 방법을 알아내고 있구나.

2. 특히 아동이 연령에 적합한 과제를 스스로 해 냈을 때 격려한다.

예를 들어, 세 살 난 아동이 플라스틱 통에 꽉 낀 뚜껑을 여는 데 어려움을 겪고 있다. 놀이치료사와 아동이 뚜껑을 열기 위하여 하나의 팀이 되어 함께 해결하는 것이 적합하다.

3. 과제를 해결하려고 시도하지 않고 도움을 청하는 아동은 돕지 않는다.

4. 만약 아동이:

        a. 과제를 해결하려고 한다.

        b. 도움을 청한다.

        c. 그리고 그 과제가 아동의 연령에 비해서 어려워 보인다.

위의 해당 사항일 경우에는 "네가 하려는 방법을 보여 주렴." 이라고 반응한다.

• 이러한 치료사의 반응은 아동이 놀이치료사로 하여금 어떻게 아동 자신을 도울 수 있는지를 결정하도록 격려한다. 또한 이러한 반응은 아동이 과제를 해결하기 위하여 해야 할 일들에 중점을 두게끔 돕는다.

아동과 놀이치료사가 함께 과제를 해결하는 동안:

- 아동을 격려한다. "너는 열심히 …을 하는구나."

과제를 해결하였을 때:

- 네가 해냈구나. 네가 그것을 빼냈구나. ("우리가 해냈구나." "우리가 그것을 빼냈구나."라고 하지 않는다.)

- 아동과 아동의 성취감에 초점을 둔다.

❊ 도움을 청하는 아동을 위한 반응을 적는다.

1. 아동이 밧줄로 매듭을 지으려고 애를 쓰고 있다. 아동이 여러분에게 도움을 청한다.

   반응: _____

2. 아동과 여러분이 함께하는 과제가 성공적으로 해결되었다.

   반응: _____

3. 네 살 난 아동이 수갑을 잡고는 여러분에게 가지고 와서는 "수갑을 열어 주세요."라고 말한다.

   반응: _____

4. 아동이 인형 재킷의 지퍼를 올리려고 애쓴다.

반응: _____

토론 사항_ 놀이치료사가 아동으로 하여금 아동 스스로 과제를 해결하도록 격려할 때 아동은 무엇을 배우는가? 그렇다면 아동은 어떻게 느끼는가?

비디오 리뷰와 생각할 점_ 아동과의 놀이치료 회기를 비디오 녹화한다. 비디오를 다시 한 번 보고 아동을 도왔던 곳을 찾는다. 아동이 스스로 과제를 시도하게끔 격려하였는가? 여러분이 아동을 도왔던 곳을 찾고 어떻게 다르게 반응하고 싶은지를 생각한다. 다음의 형식으로 반응들을 적는다.

아동_ 아동이 한 말이나 행동을 적는다.

치료사_ 여러분의 반응을 적거나 또는 반응을 하지 않았다고 적는다.

효과적인 반응_ 여러분이 반응했었어야 한다고 생각하는 반응을 적는다.

효과적인 반응을 선택한 이유_ 효과적인 반응이 왜 좀 더 효과적이며 그리고/또는 어떻게 그 반응이 아동에게 영향을 미치는지 설명한다.

칭찬 또는 판단하는 반응들

❋ 칭찬과 판단을 하는 반응들의 예

잘했다!

넌 착한 아이구나.

넌 그걸 잘하는구나.

그림이 참 예쁘구나.

그게 멋지구나.

와, 그 탑이 환상적이구나.

• 어떤 사람들은 칭찬이 아동의 능력과 행동을 강화시키기 위한 하나의 긍정적인 방법이라고 생각한다. 하지만 아동들은 타인의 칭찬에 의존하여 자신의 기분을 좋게 하려고 하며, 다른 사람들을 기쁘게 하려고 하고 타인의 승인을 지속적으로 구하려고 하게 된다.

• 아동들이 하나의 과제를 해결하려고 쏟는 자신의 노력과 일을 가치 있게 여기도록 격려받는다면 아동들은 평가에 대한 내재적인 자원을 발달시킨다. 타인의 승인을 추구하기보다는 자신의 노력과 성취감에 기뻐할 수 있게 된다.

• 칭찬 또는 판단을 하는 성인들은 파워와 평가를 하는 위치에 있다. 그러한 성인들은 칭찬을 하거나 칭찬을 하지 않거나 긍정적인 또는 부정적인 판단을 하거나 하지 않는 파워를 지녔다. 이러한 칭찬과 판단은 외재적인 통제력을 발달시킨다. 그러한 아동은 타인의 생각과 믿음들이 자신의 삶을 이끌게끔 하는 것을 배운다.

• 칭찬은 아동으로 하여금 같은 것을 더 많이 하도록 돕는다.

• 격려받은 아동은 내재적인 통제력이 발달하여 자아 주도성과 자아 책임감이 발달하게 된다.

제 9 장

자아존중감과 격려를 촉진하기

이 장에서는 칭찬과 격려의 차이를 논의하고 자아존중감을 향상시키는 격려의 말들을 어떻게 하는지에 대하여 설명하고 있다.

칭찬 대신에 격려를 해야 하는 이유   아동들은 스스로 동기를 유발시키는 법을 배우고 자기 가치를 느끼기 위하여 타인의 칭찬이나 말들을 추구하지 않는다.

칭찬과 격려의 차이점

✽ 칭찬

칭찬은 아동의 능력과 자아존중감을 판단한다. 칭찬은 아동에게 여러분이 생각하는 아동의 능력들을 말해 준다. 그러므로 칭찬을 함으로써 아동은 자신의 가치가 타인의 긍정적인 그리고 부정적인 언급에 따라 달라진다는 것을 배운다.

✽ 칭찬하는 말

치료사의 반응   그게 참 예쁜 그림이구나!

치료사는 이와 같은 반응을 삼간다. 만약 아동이 예쁜 그림을 그렸다면, 그 아동은 치료사를 기쁘게 하지 않는 그림도 그릴 수 있어야 한다. 하지만 칭찬은 긍정적인 외재적인 평가를 위한 아동의 욕구를 강화시킨다. 즉, 치료사의 칭찬으로 아동은 예쁜 그림만을 그리려 하게 된다.

❋ 격려

격려하는 반응은 아동의 노력을 인정한다. 격려는 아동으로 하여금 내재적인 동기를 발달시키도록 하며 자신의 가치를 소중히 여기도록 돕는다.

❋ 격려하는 말

치료사의 반응 그 그림을 열심히 그렸구나.
격려하는 반응을 하는 이유 이러한 반응은 아동으로 하여금 자신의 노력을 인정하고, 자신의 능력들을 소중히 여기도록 돕는다. 격려받는 아동은 또한 자신을 자랑스럽게 여기며, 자신의 자아존중감을 단지 타인의 평가에 따라 결정하지 않는다.

예

- 아동이 저녁식사 준비를 하고 닭다리가 있다고 가정한 접시를 놀이치료사에게 준다. 그리고는 아동이 "좋아하세요?"라고 묻는다.

칭찬 음식이 맛있구나.

- 이러한 반응은 그 요리사의 활동을 평가하고 판단한다. 이러한 칭찬은 아동이 치료사의 반응과 칭찬에 의하여 동기 유발되도록 한다.

격려 나를 위하여 이 음식을 만드는 데 애를 썼구나. (감탄하는 목소리로)

- 이러한 반응은 아동의 노력에 초점을 둔다. 이러한 격려는 아동이 내재적인 동기 유발을 발달시키도록 돕는다. 아동은 타인의 칭찬에 의존하는 대신에 스스로 동기를 유발시킬 수 있다.

✳ 격려하는 언급들

너는 어떻게 …하는지를 아는구나. 셈을 하는지를, 아기 우유 먹이는지를, 블록으로 만드는지를, 네 이름을 쓰는지를 등등.

"너는 어떻게 하는지를 아는구나."라는 언급은 아동을 능력을 판단(예: 너는 셈을 잘하는구나)하기보다는 아동의 능력을 반영하는 언급이다.

✳ 그 밖의 다른 격려하는 언급들

너는 네가 원하는 대로 만드는구나.
네가 해냈구나.
네가 맞혔구나.
네가 열심히 애쓰는구나.
네가 열심히 했구나.
너는 네 (그림을) 정말로 좋아하는구나.
너는 네가 원하는 방법을 아는구나.
너는 네 (탑을) 자랑스러워하는구나.
너는 (공룡들에) 대하여 많이 아는구나.

생각할 점 칭찬을 언급하고 칭찬이 아동들에게 미치는 영향을 논의하기. 격려를 언급하고 격려가 아동들에게 미치는 영향을 논의하기

실습: 칭찬과 격려를 구분하기

❊ **다음의 언급들이 칭찬인지 또는 격려인지를 구분하기**

1. 너는 그 탑을 정말 잘 만들었구나.

   칭찬 격려

2. 너는 그 탑을 정말로 열심히 만들었구나.

   칭찬 격려

3. 너는 네가 완성한 그림을 좋아하는구나. 너는 그 그림에 많은 시간을 들였고 여러 가지 다양한 색들로 그렸구나.

   칭찬 격려

4. 너는 참 착한 아이구나.

   칭찬 격려

5. 너는 그것을 없애는 데 노력을 많이 했구나. 너는 어느 누구의 도움 없이 그것을 해낸 것에 대해 자랑스럽게 여기는구나.

   칭찬 격려

6. 그것은 정말로 예쁜 그림이구나.

   칭찬 격려

7. 나는 네가 자랑스럽다.

   칭찬 격려

토론 사항_ 여러분이 칭찬을 할 때 아동들은 무엇을 배우는가? 그렇다면 아동들은 어떻게 느끼는가?

비디오 리뷰와 생각할 점_ 놀이치료 회기를 다시 한 번 보면서 놀이치료사가 얼마나 많이 아동을 칭찬 또는 평가하였는지 적는다. 칭찬 또는 평가한 반응들을 각각 적는다.

자아존중감 향상과 격려를 촉진하는 반응들을 연습하기

아동이 그림을 그리다 치료사를 본다. 그런 후에 치료사가 그 그림을 좋아하는지를 묻는다.

반응:

아동이 장난감 군인들을 세우는 데 많은 시간을 할애하고 있다.

반응:

아동이 수갑을 어떻게 여는지를 알아내려고 하고 있다. 몇 분이 지난 후에 아동이 수갑을 열었다.

반응:

아동이 인형의 집을 꾸미는 데 많은 시간과 에너지를 소요하였다. 아동이 모든 것을 완성하였을 때, 아동이 "끝났다."라고 말한다.

반응:

토론 사항_ 아동이 자아존중감을 향상시키고 격려하는 치료사의 반응들을 통하여 무엇을 배우는가?

비디오 리뷰와 생각할 점_ 아동과의 놀이치료 회기를 비디오 녹화한다. 비디오를 다시 한 번 보고 자아존중감 향상을 촉진하고 격려하는 반응들에 귀 기울인다. 자아존중감 향상을 촉진하지 못했던 곳을 8군데 찾는다. 다음의 형식으로 반응들을 적는다.

아동_ 아동이 한 말이나 행동을 적는다.

치료사_ 여러분의 반응을 적거나 또는 반응을 하지 않았다고 적는다.

효과적인 반응_ 여러분이 반응했었어야 한다고 생각하는 반응을 적는다.

효과적인 반응을 선택한 이유_ 효과적인 반응이 왜 좀 더 효과적이며 그리고/또는 어떻게 그 반응이 아동에게 영향을 미치는지 설명한다.

이러한 기법들을 활용하는 데 여러분의 장점들은 무엇인가? 무엇을 향상시키고 싶거나 변화시키고 싶은가? 이러한 기법을 활용하는 데 어떤 질문이 있는가?

효과적인 그리고 비효과적인 자아존중감을 격려하고 촉진하는 반응들의 예

칭찬과 평가 대 격려와 자아존중감

놀이치료의 목표 중 하나는 아동이 자신에 대한 긍정적인 언급을 내재화함으로써 자아존중감을 발달시키는 것이다. 칭찬은 훌륭하구나, 좋구나, 멋지구나, 아름답구나 등과 같은 말들로서 구체적인 언급이 아닌 비기술적인 평가다. 그러한 칭찬들은 아동 또는 아동의 작품들(그림, 블록으로 만든 탑)을 평가한다. 평가자는 파워를 지니며 아동은 자신에 대한 좋은 감정을 가지기 위하여 또 다른 칭찬에 의존하는 법을 배운다. 이러한 형태의 칭찬은 구체적인 언급이 결여되어 있기 때문에 아동에게 긍정적으로 오랫동안 영향을 미치지 못한다. 만약 아동이 외재적인 칭찬과 평가에 의존한다면 아동은 자신에 대하여 어떻게 생각하고 느끼는지를 또래, 가족원 그리고 그 밖의 다른 성인들의 언급들에 의하여 결정하게 된다.

반면에 시간, 노력, 힘든 과정 등을 인정하는 언급들은 그림을 그리거나 블록으로 탑을 만드는 과정을 언급한다. "나는 이 탑을 열심히 만들었다."와 같은 메시지는 내재적인 언급들이다. 따라서 아동의 노력과 힘든 과정을 인정하는 치료사의 반응은 아동의 자아개념과 자신에 대한 믿음에 통합된다. 아동은 자신의 개인적인 자질, 전념 그리고 노력을 인정하는 것을 배운다.

일반적인 정보

Jared의 아버지인 Marc는 여덟 살인 Jared가 학교와 집에서 친구 사귀는 데 어려움을 겪는다고 놀이치료에 의뢰하였다. Jared는 같은 동네 사는 아이들이 자기를 놀리고 학교 선생님과 반 아이들은 자기를 싫어한다고 불만을 토로하였다.

네 번째 놀이 회기에서 발췌한 내용들

처음 세 번째 놀이치료 회기 동안에 놀이치료사는 Jared가 종종 언어적인 승인과 재확인을 치료사에게 얻으려하는 것을 발견하였다. 비록 놀이치료사가 자아존중감과 평가 그리고 칭찬의 철학적인 차이를 이해하였지만, 놀이치료사는 Jared의 확고한 자아개념 발달을 위하여 칭찬과 평가를 하였다.

발췌 1

아동	"선생님, 제가 만든 그림 좀 보세요! 이 그림을 좋아하세요?"
치료사	"네 그림이 멋있구나."

❋ 효과적인 반응

아동	"선생님, 제가 만든 그림 좀 보세요! 이 그림을 좋아하세요?"
치료사	"너는 그 그림을 매우 열심히 그렸구나. 다 그린 그림을 보니 너는 기분이 좋구나."
아동	"선생님, 이 그림을 좋아하세요?"
치료사	"너는 내가 어떻게 생각하는지 아는 것이 무척 중요하구나. 정말로 중요한 것은 네가 어떻게 생각하는지란다. Jared, 너는 그 그림을 무척 자랑스러워하고 그리는 데도 많은 노력을 들였구나."
논평	Jared는 치료사의 승인과 긍정적인 평가를 기대하고 있다. 일반적이고 긍정적인 평가를 함으로써 아동은 치료사가 자신의 그림을 '멋있다'고 여기는 메시지를 받는다. 비록 이러한 평가가 긍정적일지라도 Jared는 이후의 평가가 부정적일 수 있다는 것에 근심할 수 있다. 비록 치료사의 모든 평가들이 긍정적이라면 Jared는 치료사와의 관계의 진실성을 의심할 수 있다. 평가를 삼감으로써 치료사는 Jared의 활동에 의하지 않는 수용적인 치료 환경을 마련할 수 있다. 결과에 대한 평가 대신에 치료사는 아동이 그림을 그리는 데 들인 시간과 노력을 인정하도록 하는 법을 가르친다. 만약 Jared가 그림을 그리는 데 많은 시간과 노력을 들였다고 생각한다면 Jared는 이러한 메시지를 내재화하고 자신의 노력에 대하여 스스로를 격려할 수 있다. 그러나 Jared가 그림이 예쁘다는 외재적인 메시지를 내재화한다고 보기 어렵다. 대신에 Jared는 내 치료사가 내 그림이 예쁘다고 생각한다는 것은 듣게 된다. 따라서 Jared에게는 자신에 대한 좋은 감정을 느끼기 위하여 여전히 타인의 평가와 승인을 얻어야 하는 것이 중요하다.

발췌 2

아동	Jared는 각 공룡들에 대해 말하였다. Jared는 치료사에게 "저는 모든 공룡들의 이름을 알고 요, 어떤 것이 육식 동물인지 아닌지도 알 수 있어요."
치료사	"너는 영리하구나."
논평	치료사의 반응은 Jared가 영리하다는 치료사의 생각을 전달하고 있다. 이러한 반응은 Jared로 하여금 자신이 영리하다는 메시지를 내재화하는 기회를 주지 못하고 있다. 이 반응 은 외재적인 평가다. 만약 Jared가 치료사의 말을 믿는다면 Jared는 자신이 영리하다고 치료사가 생각한다는 것은 배울 것이다. 이러한 반응은 Jared가 자신을 영리한 사람으로 평가 할 기회를 주지 못하고 있다.

✳ 효과적인 반응

아동	Jared는 각 공룡들에 대해 말하였다. Jared는 치료사에게 "저는 모든 공룡들의 이름을 알고 요, 어떤 것이 육식 동물인지 아닌지도 알 수 있어요."
치료사	"너는 공룡에 대해 많이 아는구나. 너는 공룡들의 이름도 알고 그 공룡들이 고기를 먹는지 아닌지도 아는구나."
논평	아동에 대한 일반적인 평가를 하는 대신에 치료사는 아동의 지식과 능력을 인정하고 있다. 치료사의 반응이 아동의 능력들을 구체적으로 언급하기 때문에 아동은 치료사의 메시지를 내재화할 수 있다. 아동은 자신에게 "나는 공룡에 대해 많은 것을 알고 있어."라고 말할 수 있다. 이러한 메시지를 내재화함으로써, Jared는 공룡들에 대한 자신의 지식을 확인할 수 있다.

사례 연구 실습

✻ **자아존중감 향상과 격려하는 치료사의 반응을 적는다.**

각 놀이치료 상황에 대한 반응을 적은 후에 다음 페이지를 보면서 여러분의 반응들과 효과적인 반응들을 비교한다. 여러분의 반응들을 적기 전에 효과적인 반응들을 보고 싶은 욕구를 참는다.

아동: (아동이 블록들로 매우 높은 탑을 쌓고 있다.) 이것 좀 보세요. 멋지지 않아요?

치료사:

아동: 네. 하지만 이 탑을 어떻게 생각하세요?

치료사:

아동: 저는 제 탑을 자랑스러워해요. (칠판 쪽으로 걸어가서는 산수 곱셈 문제를 쓰기 시작한다.) 저는 곱셈도 어떻게 하는지 알아요.

치료사:

아동: 아동이 칠판에 20×20을 쓴다. (문제 밑에 400이라고 답을 쓴다.) 이것 좀 보세요. (자랑스러운 목소리로)

치료사:

아동: (다른 곱셈 문제를 적고는 답을 적는다.) 저는 이런 문제들을 많이 연습하고 나서야 이 문제를 잘 풀 수 있었어요.

치료사: _____

아동: 네. 이것을 배우는 데 정말로 시간이 많이 든 느낌이에요. 가끔씩, 이 곱셈은 너무 어려워서 그만 하고 나가서 놀고 싶었어요.

치료사: _____

아동: 우리 아빠는 절대로 포기하지 말라고 그래요. 저도 그렇게 생각하구요.

치료사: _____

아동: (그림 그리는 곳으로 가서 그림을 그리기 시작한다.) 저는 그림을 잘 그리지 못해요.

치료사: _____

아동: 저는 그림을 정말로 잘 그리고 싶어요.

치료사: _____

아동: (집을 그리고는 치료사를 본다.) 저 그림을 어떻게 생각하세요?

치료사: _____

아동: (아동이 블록들로 매우 높은 탑을 쌓고 있다.) 이것 좀 보세요. 멋지지 않아요?

치료사: 너는 그렇게 하는 것을 정말로 좋아하는구나.

아동: 네. 하지만 이 탑을 어떻게 생각하세요?

치료사: 너는 그것을 만드는 데 시간을 많이 들였고 네 노력에 대해 자랑스러워하는 것 같구나.

아동: 저는 제 탑을 자랑스러워해요. (칠판 쪽으로 걸어가서는 산수 곱셈 문제를 쓰기 시작한다.) 저는 곱셈도 어떻게 하는지 알아요.

치료사: 너는 곱셈하는 것도 아는구나.

아동: 아동이 칠판에 20×20을 쓴다. (문제 밑에 400이라고 답을 쓴다.) 이것 좀 보세요. (자랑스러운 목소리로)

치료사: 너는 곱셈을 할 수 있어서 기쁘고 너 자신을 자랑스러워하는구나.

아동: (다른 곱셈 문제를 적고는 답을 적는다.) 저는 이런 문제들을 많이 연습하고 나서야 잘 풀 수 있었어요.

치료사: 너는 곱셈을 배우기 위하여 많은 연습과 노력을 하였구나.

아동: 네. 이것을 배우는 데 정말로 시간이 많이 든 느낌이에요. 가끔씩, 이 곱셈은 너무 어려워서 그만두고 나가서 놀고 싶었어요.

치료사: 너는 곱셈이 너무 어려워도 계속해서 노력했고 포기하지 않았구나.

아동: 우리 아빠는 절대로 포기하지 말라고 그래요. 저도 그렇게 생각하구요.

치료사: 너는 열심히 노력하면 어려운 것들도 많이 이룰 거라고 믿는구나.

아동: (그림 그리는 곳으로 가서 그림을 그리기 시작한다.) 저는 그림을 잘 그리지 못해요.

치료사: 너는 그림 그리는 것에 자신이 없지만 그림을 그리려 하는구나.

아동: 저는 그림을 정말로 잘 그리고 싶어요.

치료사: 그림 그리는 것이 네가 잘하고 싶은 것들 중에 하나구나.

아동: (집을 그리고는 치료사를 본다.) 저 그림을 어떻게 생각하세요?

치료사: 너는 여러 가지 다른 색깔들을 사용했구나. 창문과 커튼들도 만들었고 문에도 창문이 있고 손잡이도 그렸구나. 집 밖에는 나무와 꽃들도 있구나.

제한 설정하기

❋ 제한 설정은

- 아동을 보호한다.
- 치료사를 보호한다.
- 놀잇감과 놀이치료실을 보호한다.
- 놀이치료 회기에서 현실로 잇는 역할을 한다.
- 놀이치료 회기를 구조화한다.
- 사회적으로 허용하지 않는 행동을 제한한다.
- 아동이 자아 통제력을 배우도록 한다.

❋ 왜 제한을 설정하는가?

- 제한 설정은 아동들을 위한 안전한 환경을 보장한다.
- 제한 설정은 자아 통제력과 자아 책임감을 가르친다.

❋ 언제 제한을 설정하는가?

- 아동은 자신이나 치료사를 해쳐서는 안 된다.
- 제한은 놀이치료실과 놀잇감들을 보호하기 위해 설정한다.

✻ 어떻게 제한을 설정하는가?

- 제한은 일관적인 방법으로 설정한다. 일관적인 제한은 일관적인 치료 환경을 위한 구조를 제공한다.
- 침착하고 인내심을 가지고 단호한 목소리로 제한한다.
- 제한을 빨리 설정하는 것은 아동에 대한 불안과 불신을 나타낸다.

토론 다음에서 제시한 제한 설정 반응들이 암시하는 여러 가지 메시지들을 논의하기

제한 설정 시 전달되는 메시지를 이해하기

다음의 각 반응들을 아동에게 전달할 때 각 반응들이 내포하는 메시지들을 간단하게 기술하기

- 벽을 색칠하는 것은 아마도 좋은 생각이 아니란다.

  메시지: _____

- 우리는 여기 있는 벽을 색칠할 수 없단다.

  메시지: _____

- 너는 그 벽을 색칠하지 않는 것이 좋겠다.

  메시지: _____

- 나는 네가 그 벽을 색칠하는 것을 그냥 놔둘 수 없단다.

  메시지: _____

- 여기서의 규칙은 네가 벽을 색칠할 수 없다는 거란다.

  메시지: _____

- 그 벽은 색칠하는 것이 아니란다.

  메시지: _____

제한 설정의 3단계(ACT)

(Landreth, 2002)

A 감정을 인정하기(Acknowledge the Feeling)

- 놀이치료사는 아동의 이름을 먼저 부름으로써 아동의 관심을 얻을 수 있다.
- 놀이치료사는 아동의 감정을 인정함으로써 아동의 감정을 이해하고 수용하는 것을 전달한다.
- 감정을 이해한다는 메시지를 전달하는 것은 종종 강한 감정을 완화시킨다.
- 모든 감정, 욕구, 소망들은 수용되나 모든 행동은 수용되지 않는다.

C 제한을 전달하기(Communicate the Limit)

- 구체적이고, 분명하고 정확하게 제한을 전달한다.
- 논쟁하거나 설명을 길게 하는 것은 피한다.
- 불분명하게 제한을 할 때, 아동은 책임감 있게 행동하기 어렵다.

"그 벽은 칠하는 곳이 아니란다."와 "너는 벽에 여러 가지 색을 칠할 수 없다."를 비교하기

T 대안을 제시하기(Target an Alternative)

- 치료사가 아동에게 대안을 제시함으로써 아동은 원래 욕구를 표현할 수 있다.
- 그 벽은 색칠하는 곳이 아니란다. 하지만 그 종이에는 색칠할 수 있단다. (치료사는 종이를 손가락으로 가리킨다.)
- 치료사는 아동에게 선택을 하게 한다. (원래의 행동을 선택하느냐 또는 치료사가 제시한 대안적인 행동을 선택하느냐) 아동은 자아 통제력을 행사할 수 있는 기회를 갖는다.

예 아동은 그림을 그리고 있고, 앉고 있는 의자를 칠하기 시작한다.

A 나는 네가 그것을 칠하고 싶어 하는 것을 안단다.

C 의자는 색칠하는 것이 아니란다.

T 너는 종이에 색칠할 수 있단다. (종이를 가리킨다.)

1. 아동은 인형의 집을 색칠하기 시작한다.

    A 나는 네가 정말로 _____ 원하는 것을 안단다.

    C 하지만 인형의 집은 _____

    T 종이에 _____

2. 아동이 다트가 끼여 있는 다트 총을 치료사에게 향하고 있다.

    A _____

    C _____

    T _____

3. 아동이 플라스틱 공을 형광등 쪽으로 가능한 한 세게 던지려 한다.

    A _____

    C _____

    T _____

4. 놀이치료실에서 15분이 지난 후에 아동은 엄마를 보려고 밖에 나가고 싶다고 한다.

A

C

T

5. 아동이 의사 놀이를 하고 싶어서 놀이치료사에게 환자가 되길 요구한다. 아동은 치료사에게 옷 단추를 풀면 치료사의 심장 소리를 들을 수 있다고 한다.

A

C

T

6. 아동이 놀이치료시간 전에 화장실에 다녀왔다. 놀이치료 회기 동안에 아동이 밖에 나가서 물을 마시고 싶다고 해서 나갔다 왔다. 10분 후에 아동은 다시 물을 마시고 싶다고 한다(제한 – 놀이치료 회기당 물을 마시거나 화장실을 가는 것을 1번 할 수 있다.).

A

C

T

7. 놀이치료 회기에서 제한이 설정되어야 한다고 생각되는 상황을 기술하기

상황 _____

A _____

C _____

T _____

토론 사항_ 놀이치료사가 제한들을 설정할 때 아동은 무엇을 배우는가? 그렇다면 아동은 어떻게 느끼겠는가?

비디오 리뷰와 생각할 점_ 아동과의 놀이치료 회기의 비디오를 다시 한 번 보고 제한을 설정하는 반응들에 귀 기울인다. ACT 단계가 사용되었는가? 만약 ACT 3단계에서 한 단계가 빠졌다면, 그러한 치료사의 반응이 아동에게 어떻게 영향을 미치는가?

비디오 리뷰와 생각할 점_ 아동과의 놀이치료 회기를 비디오 녹화한다. 제한 설정하는 반응들을 위하여 비디오를 다시 한 번 본다. ACT 단계를 활용하여 제한을 하지 않았던 곳을 찾는다. 다음의 형식으로 반응들을 기록한다.

아동_ 아동이 한 말이나 행동을 적는다.

치료사_ 여러분의 반응을 적거나 또는 반응을 하지 않았다고 적는다.

효과적인 반응_ 여러분이 반응했었어야 한다고 생각하는 반응을 적는다.

효과적인 반응을 선택한 이유_ 효과적인 반응이 왜 좀 더 효과적이며 그리고/또는 어떻게 그 반응이 아동에게 영향을 미치는지 설명한다.

이러한 기법들을 활용하는 데 여러분의 장점들은 무엇인가? 무엇을 향상시키고 싶거나 변화시키고 싶은가? 이러한 기법을 활용하는 데 어떤 질문이 있는가?

효과적인 그리고 비효과적인 ACT 단계를 활용한 제한 설정의 예

❊ 일반적인 정보

Jenna의 어머니 Sue는 다섯 살 난 Jenna를 놀이치료에 의뢰하였다. Jenna의 어머니는 Jenna가 말을 듣지 않는다고 보고하였다. 또한 Jenna가 종종 오랫동안 소리를 지르고 울면서 화를 내고, 자기 방에 있는 장난감들을 던지며 어머니를 때리려고 했다고 하였다.

❊ 두 번째 놀이 회기에서 발췌한 내용들

아동	(화난 목소리 톤으로) "저는 공룡들을 싫어해요." Jenna는 공룡을 집어 들고는 다른 쪽으로 던졌다. 그런 후에 플라스틱 방망이로 공룡을 때리기 시작하였다. 공룡을 약 10분 동안 때린 후, 공룡을 들고는 창문 쪽으로 던지려 한다.
치료사	"Jenna야, 나는 네가 공룡을 창문으로 던지게 하는 것을 놔둘 수 없단다. 이 창문은 매우 비싸고 깨지기 쉽단다."
논평	놀이치료사는 Jenna가 공룡을 창문으로 던지는 것을 허용할 수 없다고 말하였다. 이러한 치료사의 반응은 아동이 무엇을 할 수 있고 할 수 없는지를 강요하는 것이 치료사의 책임이라는 메시지를 전달한다. 치료사는 아동이 자신의 행동에 책임감을 가지도록 해야 한다. 치료사는 또한 아동의 화난 감정을 인정하지 않고 있다. Jenna의 감정을 인정함으로써 아동으로 하여금 치료사가 자신을 이해하고 있다는 것을 느끼도록 하며 치료사와 아동 간에 믿을 수 있는 관계를 조성할 수 있다. 또한 치료사는 아동의 감정이 중요하다는 것을 전달하게 된다. Jenna의 분노를 언어적으로 인정함으로써 치료사는 Jenna가 자신의 감정에 대한 자아 인식을 증가시키도록 도우며, 아동으로 하여금 자신의 감정들을 인식하고 언어적으로 타인들에게 전달할 수 있게끔 돕는다. 치료사는 Jenna의 화난 감정을 표현할 수 있도록 하는 대안적인 방법을 제시하지 않고 있다. 아동의 분노를 다른 방법으로 표현할 수 있게 함으로써 치료사는 Jenna에게 자신의 욕구를 충족시킬 수 있는 방법을 제시할 수 있으며 안전한 치료 환경을 유지할 수 있게 된다.

✳ 그 밖의 정보들

Jenna의 어머니와의 부모 면담 시간에 어머니는 Jenna가 말을 듣지 않으며, 많은 것들을 졸라서 자신이 지친다고 보고하였다. 어머니는 종종 Jenna의 행동을 무시하려고 애를 쓴다고 하였다. 예를 들어, 어머니는 Jenna에게 저녁 먹기 전에는 과자를 먹을 수 없다고 하였음에도 불구하고, Jenna가 계속해서 과자를 달라고 조른다고 하였다. 어머니는 처음에는 "안 돼."라고 말하고는 나중에는 Jenna의 요구를 무시한다고 하였다. Jenna가 여러 번 조른 후에, 어머니는 포기하고 Jenna에게 과자를 준다고 하였다. 따라서 Jenna는 계속해서 조르면 과자를 얻는다는 것을 배웠다.

치료사는 Jenna가 치료사의 제한을 지키지 않으려고 하며 놀이치료실에서 치료사의 제한에 어려움을 겪을 것이라는 것을 알게 되었다. 치료사의 치료 목표는 Jenna, 치료사, 놀이치료실, 놀잇감 및 매체들을 보호하기 위한 안전한 치료 환경을 마련하는 것이었다. 또한 치료사는 Jenna의 감정을 인정하고 아동 자신을 표현할 수 있도록 대안적인 방법을 제시하고 싶었다. 치료사는 Jenna가 개인적으로 거절당했다는 느낌 없이 자아 통제력을 배우길 원하였다.

✳ 효과적인 반응

아동	(화난 목소리 톤으로) "저는 공룡들을 싫어해요." Jenna는 공룡을 집어들고는 다른 쪽으로 던졌다. 그런 후에 플라스틱 방망이로 공룡을 때리기 시작하였다. 공룡을 약 10분 동안 때린 후, 공룡을 들고는 창문 쪽으로 던지려 한다.
치료사	치료사는 Jenna가 공룡을 다른 쪽으로 던지려 할 때 가능한 한 빨리 ACT 단계를 활용하여 제한을 설정한다. "Jenna야, 공룡에게 무척 화가 난 듯하구나. 하지만 장난감들은 던지는 것이 아니란다. 대신에 Play doh로 공룡을 만든 후에 그것을 주먹으로 힘껏 칠 수 있단다."

이러한 경우에 치료사는 ACT 단계를 활용하여 Jenna의 감정을 인정하고 제한을 설정하며, 대안적인 행동을 제시하고 있다.

A 감정을 인정하기

"Jenna야, 공룡에게 무척 화가 난 듯하구나."

C 제한을 전달하기

"장난감들은 던지는 것이 아니란다."

T 대안을 제시하기

"대신에 Play doh로 공룡을 만든 후에 그것을 주먹으로 힘껏 칠 수 있단다."

논평	첫 번째로 치료사는 아동의 화난 감정을 즉시 인정하고 있다. 이러한 치료사의 반응은 아동이 자신의 분노를 인식하고 언어적으로 표현하는 것을 배울 수 있다. "장난감은 던지는 것이 아니란다."라는 제한을 전달함으로써 치료사는 아동이 치료실의 규칙을 배우고 자신의 행동에 대한 책임감을 갖게끔 하는 기회를 제공한다. 마지막으로 치료사는 아동에게 아동, 치료사, 놀이치료실 또는 놀잇감들을 해치지 않는 방법으로 아동의 분노를 표현하도록 하는 대안적인 방법을 제공하고 있다.

❋ **제한을 설정하는 치료사의 반응을 적는다.**

각 놀이치료 상황에 대한 반응을 적은 후에 다음 페이지를 보면서 여러분의 반응들과 효과적인 반응들을 비교한다. 여러분의 반응들을 적기 전에 효과적인 반응들을 보고 싶은 욕구를 참는다.

아동: (아동이 흥분한 것처럼 보인다. 그림 그리는 곳으로 와서는 붓에 노란색 물감을 묻힌 후, 바닥에 그림을 그린다.)

치료사: ....

아동: (아동이 서서는 치료사를 쳐다본다. 그러고 나서 붓에 빨간색 물감을 묻힌다. 아동이 구부려서는 바닥에 그림을 그린다.)

치료사: ....

아동: (아동의 얼굴 표정이 화난 표정이다. 아동이 물감 붓을 종이 위에 던지고는 모래 상자 쪽으로 간다.)

치료사: ....

아동: 저는 화났어요. 선생님(놀이치료사)이 싫어요. 나가서 엄마를 볼 거예요.

치료사: ....

아동: 선생님은 우리 엄마가 아니잖아요. 나한테 뭐라고 말하지 못해요. (그림 그리는 곳으로 가서는 빨간색 물감 통을 들고는 모래 상자에 부으려고 한다.)

치료사: _____

아동: (아동이 빨간색 모래를 떠서는 양동이에 넣는다. 그런 후에 빨간 모래를 더 넣은 후에 섞는다.) 이 모래를 선생님 머리에 붓고 싶어요. 여기는 규칙이 너무 많아요.

치료사: _____

아동: 정말로요? 좋아요! 이건 재미있네요. (양동이를 비우고는 싱크대로 간다. 치료사를 보고 웃는다.) 손을 씻을 거예요. (물을 틀고는 웃는다. 그리고는 물을 바닥과 싱크대 벽에 튀기기 시작한다.)

치료사: _____

아동: 선생님은 재미없어요. 여기서는 아무것도 할 수 없나요? (선반으로 가서 플라스틱 다트 총을 집는다. 다트를 끼고는 치료사를 향한다.) 좀 조용히 해요!

치료사: _____

아동: (치료사에게 계속해서 다트 총을 겨냥한 후 쏜다.) 어느 누구도 나에게 뭐하라고 할 수 없어요. 우리 엄마도 안 그래요.

치료사: _____

아동: 규칙을 지키는 게 싫어요. (아동이 플라스틱 총을 들고는 치료사를 향해 쏜다.)

치료사: _____

예: 제한 설정을 위한 치료적인 반응들

아동: (아동이 흥분한 것처럼 보인다. 그림 그리는 곳으로 와서는 붓에 노란색 물감을 묻힌 후, 바닥에 그림을 그린다.)

치료사: Kailey, 바닥에 그림을 그리니 신나나 보구나. 하지만 바닥은 그림 그리는 곳이 아니란다. 종이 위에다 그릴 수 있단다.

아동: (아동이 서서는 치료사를 쳐다본다. 그러고 나서 붓에 빨간색 물감을 묻힌다. 아동이 구부려서는 바닥에 그림을 그린다.)

치료사: Kailey, 나는 네가 정말로 바닥에 그림 그리고 싶어 하는 것을 안단다. 하지만 바닥은 그림 그리는 곳이 아니란다. 종이 위에 그림을 그릴 수 있단다.

아동: (아동의 얼굴 표정이 화난 표정이다. 아동이 물감 붓을 종이 위에 던지고는 모래 상자 쪽으로 간다.)

치료사: 너는 바닥이 그림 그리는 곳이 아니라고 하니 정말로 화가 났구나.

아동: 저는 화났어요. 선생님(놀이치료사)이 싫어요. 지금 당장 나가서 엄마를 볼 거예요.

치료사: 너는 지금 당장 여기를 나가고 싶을 정도로 화가 났구나. 하지만 치료 시간이 끝나지 않았단다. 우리는 40분 더 있을 거고 그 후에 엄마를 볼 수 있단다.

아동: 선생님은 우리 엄마가 아니잖아요. 나한테 뭐라고 말하지 못해요. (그림 그리는 곳으로 가서는 빨간색 물감 통을 들고는 모래 상자에 붓는다.)

치료사: 네가 정말로 화가 났구나. 물감은 모래 상자에 붓는 것이 아니란다. 물감과 모래를 양동이에 붓고 함께 섞을 수는 있단다.

아동: (아동이 빨간색 모래를 떠서는 양동이에 넣는다. 그런 후에 빨간 모래를 더 넣은 후에 섞는다.) 이 모래를 선생님 머리 위에 붓고 싶어요. 여기는 규칙이 너무 많아요.

치료사: 너는 나에게 무척 화가 났구나. 여기서의 규칙도 맘에 들지 않는구나. 하지만 내 머리는 모래를 붓는 곳이 아니란다. 너는 그 빨간 모래를 쓰레기통에 붓고는 내 머리 위에 부은 척 할 수 있단다.

아동: 정말로요? 좋아요! 이건 재미있네요. (양동이를 비우고는 싱크대로 간다. 치료사를 보고 웃는다.) 손을 씻을 거예요. (물을 틀고는 웃는다. 그리고는 물을 바닥과 싱크대 벽에 튀기기 시작한다.)

치료사: Kailey, 너는 물을 여기저기 튀기는 것을 좋아하는구나. 하지만 물은 싱크대 안에서 쓰는 거란다. 물을 온 치료실에 다 튀기는 흉내는 낼 수 있단다.

아동: 선생님은 재미없어요. 여기서는 아무것도 할 수 없어요. (선반으로 가서 플라스틱 다트 총을 집는다. 다트를 끼고는 치료사를 향한다.) 좀 조용히 해요!

치료사: 나는 총을 쏘는 곳이 아니란다. 대신에 펀치 백을 쏠 수 있고 펀치 백이 나라고 생각할 수 있단다. 너는 네가 할 수 없는 것을 듣는 데 싫증이 났구나.

아동: (치료사에게 계속해서 다트 총을 겨냥한 후 쏜다.) 누구도 나에게 뭐하라고 할 수 없어요. 우리 엄마도 안 그래요.

치료사: (치료사가 다트 총을 막기 위해 아동의 손을 잡는다.) 너는 너에게 무엇을 하라

고 지시하는 사람들이 모두 싫구나. 하지만 나는 총을 쏘는 대상이 아니란다. 펀치 백을 나라고 생각하고 쏠 수 있단다.

아동: 규칙을 지키는 게 싫어요. (아동이 플라스틱 총을 들고는 치료사를 향해 쏜다.)

치료사: Kailey, 네가 펀치 백이나 벽을 쏘는 것을 선택한다면, 계속해서 다트 총을 가지고 노는 것을 선택한 것이다. 하지만 네가 나를 쏘는 것을 선택한다면, 오늘 나머지 시간 동안에 다트 총을 가지고 놀지 않는 것을 선택한 거란다.

제 11 장

치료적인 반응과 놀이 행동을 이해하고 치료를 촉진하며 종결하기

치료적인 반응을 향상시키기

1. 반응을 짧게 한다.

- 치료사의 짧은 반응들은 긴 반응들보다 이해하기 쉽다.

2. 상호 교류적인 반응을 한다.

- 상호 교류적이고 대화체 같은 반응들은 좀 더 자연스럽고 진실됨을 나타낸다.

3. 반응들을 적당한 속도로 한다.

- 치료사의 반응들이 너무 잦으면 아동은 부담감을 느끼게 된다.
- 치료사의 반응들이 충분하지 않으면 아동은 치료사가 자신을 지켜본다고 느끼게 된다.
- 적절한 반응 속도는 자연스럽고 대화를 나누는 듯하다.

4. 즉각적이고 자연스러운 반응을 한다.

- 치료사의 즉각적인 반응은 아동 자신이 현재 느끼는 감정, 생각 또는 행동들에 대한 인식을 높일 수 있도록 한다.

• 치료사가 치료 반응을 지연할 때 아동은 새로운 놀이 행동으로 진전하기보다는 이전의 놀이 행동을 계속하도록 격려받는다.

❋ 그 밖의 지침들

1. 아동에게 반응할 때, 아동의 이름을 부르기 보다는 '너'로 시작하는 반응을 한다.

a. '너'라는 말은 메시지를 개인적으로 받아들이게 돕는다.
   반응: 너는 그림 그리는 것을 좋아하는구나.

b. 아동의 이름을 부르는 것은 아동을 개인적으로 받아들이지 않는다.
   반응: Robert는 그림 그리는 것을 좋아하는구나.

2. 아동이 주도하는 놀이치료 회기 동안에는 질문을 하거나, 아동의 질문에 답하거나, 아동을 가르치려 하지 않는다.

a. 성인들은 주로 '전문가'의 위치에 있다. 아동들은 성인들에게 지도, 허락 그리고 답변을 찾으려고 한다. 놀이치료 회기 동안에 성인은 선생님이나 아동의 반응들을 고치는 사람의 역할을 하지 않는다. 놀이치료 동안에 아동들은 자유스럽게 '기린'을 '말'이라고 부를 수 있다.

b. 아동은 5+1=7이라고 할 수 있다. 더욱이 아동은 자신이 결정하는 대로 맞춤법에 상관없이 글씨를 쓸 수 있다. 이러한 환경이 바로 수용적이고 허용적인 치료 환경이다. 아동은 맞춤법과 그 밖의 다른 것들을 놀이치료 이외의 시간에 배울 수 있다.

3. 아동에게 반응을 할 때 '우리'라는 말보다 '너'라는 말을 사용한다.

"가끔씩 우리는 우리가 원하는 방법대로 그림이 그려지지 않을 때 화가 나지."
이러한 반응은 아동에게 초점이 가지 않는다.

대신에: "너는 네가 원하는 방법대로 그림이 그려지지 않자 화를 내는구나."라고 반
　　　　응한다.

4. 아동의 감정들을 인정하기

　아동의 감정을 인정하지 않는 것은 아동의 감정들을 수용하지 않는다는 메시지를
전달할 수 있다. 아동의 감정들을 인정하는 것은 아동이 자신의 감정을 확인하고 표
현하게끔 돕는다.

아동의 놀이 행동을 이해하기

놀이 주제

❊ 놀이 주제는 무엇인가?

놀이 주제는 아동이 놀잇감을 통해 표현하는 아동의 내적이고 감정적인 역동이다. 아동은 특정한 놀이 행동을 반복하거나, 다른 형태의 놀이를 하지만 비슷한 의미를 갖거나 또는 이야기나 사건을 반복적으로 말함으로써 감정적인 경험을 하게 된다. 다음의 목록들은 아동들의 놀이에 나타나는 공통된 놀이 주제들이다. 하지만 다음에 제시한 놀이 주제 이외에도 그 밖의 다른 놀이 주제들이 나타날 수 있다.

1. 탐색

아동이 처음으로 새로운 환경을 접하게 되면, 새로운 환경에 대한 익숙함을 느끼기 위해 시간을 보낸다. 아동은 한 가지 놀잇감을 짧게 놀고 나서 다른 놀잇감이나 매체를 가지고 논다.

2. 관계 형성

아동이 놀이치료사와 관계를 형성하는 방법은 아동이 다른 성인들과 어떻게 관계를 형성하는지를 알 수 있는 지침이 된다. 아동은 놀이치료사의 승인을 받으려고 하거나 또는 아동 자신의 욕구를 충족시키기 위하여 교묘히 행동하거나, 치료사에게 협력하거나 또는 경쟁하는 방법들을 통하여 놀이치료사와 관계를 형성한다. 또한 아동은 놀이치료사와의 특정한 치료 환경에 존재하는 규칙들을 배우기 위하여 제한을 시험하기도 한다.

3. 숙달감/역량감

아동은 매일 새로운 역량감들을 발달시키려고 노력한다. 놀이치료실에서 아동은 블록으로 무엇을 만들거나, 그림을 그리거나, 고리 던지기를 하거나, 볼링이나 그 밖의 다른 운동 놀잇감들을 활용함으로써 기술과 숙달감을 발달시킨다. 학교 수업에 어려움을 경험한 아동은 글씨나 산수 문제들을 칠판에 씀으로써 학교 공부에 대한 자신의 갈등이나 좌절감을 표현한다. 아동은 또한 맞춤법을 아는 글씨나 해답을 아는 산수 문제들을 칠판에 씀으로써 역량감을 나타낼 수 있다.

4. 파워/통제력

아동은 아동의 실제 환경이나 상황에서 무력감을 느낄 수 있다. 놀이치료실에서 아동은 '나쁜 사람'을 잡아서 감옥에 갇히게 함으로써 자신의 파워를 행사할 수 있다. 아동은 또한 자신의 잘못을 꾸짖는 선생님, 교장 선생님 또는 부모의 역할을 취할 수 있다. 아동은 자신이 무력하다고 느꼈을 때, 성인들로부터 지도받았던 말들이나 표현들을 사용할 수 있다.

5. 안전함과 안정감

아동은 성인들과의 관계 속에서 그리고 자신의 환경으로부터 안전함과 안정감을 느끼고 싶어 한다. 예를 들어, 폭풍 후 여파에 대한 뉴스를 계속해서 본 아동은 토네이도에 대비하는 행동과 안전한 장소를 찾는 행동을 나타낼 수 있다. 또 다른 아동은 자신이 원하는 것을 얻고자 성인들을 교묘히 속일 수 있다. 그런 아동은 결과적으로 자신의 삶에서 자신이 성인들보다 파워를 많이 가졌다고 느끼며 불안정감을 느끼게 된다. 그러한 아동과의 놀이치료에서는 놀이치료사가 제한을 설정하여 아동의 현실 세계에서 필요한 안전하고 안정감 있는 환경을 마련하는 것이 중요하다.

6. 양육

아동은 부엌에서 음식을 준비하거나, 아기 인형을 안거나 돌보면서 또는 아픈 사람이나 다친 사람을 돌보기 위해 병원 놀이 세트를 사용함으로써 양육적인 욕구를 표현한다.

7. 공격성/복수

아동은 봉제 동물 인형, 펀치 백 또는 치료사에 대한 공격심을 나타낼 수 있다. 어떤 초보 놀이치료사들은 어린 아동들에게 강한 공격심이 있다는 것에 놀랄 수 있다. 아동의 감정들을 인정하고 아동의 행동이 자신이나 치료사를 해치거나, 놀잇감 또는 놀이치료실을 파괴할 때 제한을 설정한다.

8. 죽음/상실감/슬픔

아동은 이사나 전학을 할 때, 부모의 이혼, 가족원과의 이별 그리고 가족원, 친구 또는 애완동물의 죽음을 통하여 상실감이나 슬픔을 경험한다. 아동은 미술 활동, 인형이나 물체들을 모래 속에 묻거나 또는 인형 놀이를 통하여 상실감이나 슬픔을 나타낼 수 있다.

9. 성적인 놀이 주제

성적 학대를 받았거나 외설적인 매체에 노출된 아동들은 성적인 문제나 피해에 대한 과도한 관심을 미술 활동, 토론, 인형 놀이를 통하여 나타낼 수 있다.

치료적인 변화와 치유

핵심적인 환경을 제공하고 이 핸드북에서 제시한 치료적인 반응들을 활용함으로써 아동은 다음과 같은 방법으로 권한을 부여받게 된다.

1. 놀이치료사는 지지적이고 공감적이며 안전한 환경을 마련한다. 아동은 수용감, 긍정적인 관심 그리고 존중감을 경험한다. 놀이치료사는 "나는 여기에 있다. 나는 너에게 귀 기울인다. 나는 너를 이해한다. 나는 너를 소중히 여긴다. 나는 너를 믿는다."는 메시지를 전달한다.

- 어떤 놀이치료사들은 치료적인 관계의 파워를 과소평가한다.
- 아동들은 현실 세계에서 얼마나 자주 아동에게 완전히 귀 기울이며, 아동의 세계에 끊임없이 관심을 보이며, 이해하고, 아동을 판단하거나 주도하지 않고, 아동이 할 수 있는 일들을 돕지 않는 성인들과 있을 기회가 얼마나 되겠는가?

2. '의사결정권과 자아 책임감을 촉진하는' 치료적인 반응들은 아동이 주도성을 가지고, 의사결정권을 행사하며, 도움을 즉각적으로 구하지 않고 스스로 문제를 해결하는 것을 배운다. 놀이치료사는 의사결정권을 행사할 수 있다는 아동의 능력에 대한 신뢰를 전달함으로써 아동은 자신을 신뢰하고 자신의 행동에 대한 책임감을 느끼게 된다.

3. '자아존중감 향상'을 위한 반응들은 아동이 자신의 장점들을 확인하고 '나는 할 수 있다'는 메시지를 자아 개념에 내재화시키는 것을 촉진시킨다. 그러한 메시지를 내재화함으로써, 아동은 자신의 가치를 배우며 특정한 장점들과 능력들을 확인하게 된다. 또한 아동은 내적인 평가 기준을 발달시키고 타인의 칭찬과 승인을 추구하는 행동들을 줄일 수 있다. 따라서 아동은 자신의 승인을 추구하고 자신감을 느끼며 자신이 누구인지를 수용하게 된다.

4. 아동의 감정들을 인정하고 반영하는 치료적인 반응들은 아동과 아동의 감정들을 수용한다는 것을 전달한다. 특정 감정들이 부적절하다고 배운 아동은 그러한 감정들을 표현할 방법들을 잃게 된다. 그러한 아동들은 감정적으로 차단된 상태이며 특정 감정을 표현하는 것은 자신을 나약하게 만들고 허용되지 않는다고 느낄 수 있다. 감정을 반영함으로써 놀이치료사는 아동이 자신의 감정을 인식하고, 확인하며 표현할 수 있도록 돕는다. 이러한 과정 속에서 아동은 자신의 감정들을 자신이나 타인들을 해치지 않는 방법으로 표현하는 법을 배운다.

5. 제한 설정의 ACT 단계를 통하여 아동은 자신의 행동적인 규칙들을 내재화시킨다. 아동은 어떻게 행동하라고 듣기보다는 정보와 선택권을 부여받고 선택을 결정할 수 있는 기회를 갖는다. 예를 들어, 아동이 정보를 얻고(벽은 낙서 하는 곳이 아니란다.) 아동의 욕구를 충족시키는 대안적인 방법을 얻는다(종이에는 낙서를 할 수 있다.).

이러한 단계는 성인과 아동 간에 있을 수 있는 파워 갈등을 줄인다. 아동은 항상 성인들의 말을 들어야 하고 성인들의 지도를 따라야 한다고 믿는 성인들은 성인들의 말에 도전하는 아동에 의해 종종 좌절감을 느낀다.

"벽에 낙서 하지 마라."는 말은 몇몇 아동으로 하여금 만약 벽에 글씨를 썼을 때 무엇이 일어날지를 알고 싶어하게 만든다. 이러한 방법으로 훈련받은 아동은 규칙을 강조하는 사람이 있을 때만 말을 들어야 한다는 것을 배운다.

ACT 단계와 선택이 주어지는 반응들로 아동은 선택을 하고 자신을 위한 제한 설정 능력을 발달시킨다. 또한 성인들은 허용적이게 되며 규칙들을 거의 설정하지 않게 된다. 이러한 ACT에 의한 제한으로 아동은 안전하고, 일관되며, 안정성 있는 환경에 있다는 것을 느끼게 된다.

아동의 치유 정도를 평가하기

• 성장과 변화는 느린 과정이다.
• 놀이치료실에서의 아동의 행동 변화를 관찰한다.
• 변화가 처음 있었던 때를 관찰한다.

예를 들어, Patti가 다섯 번의 놀이치료 동안 토네이도 그림을 그렸다. 여섯 번째 놀이치료 회기에서 처음으로 토네이도를 그리는 대신에 자신과 친구가 놀이터에서 달리는 그림을 그렸다.

✴ 아동은 언제 놀이치료를 끝낼 준비를 하는가?

아동의 행동에서 자아 주도적인 변화를 관찰하는 것은 아동이 치료 관계를 종결할 준비가 되었는지 여부를 평가하는 데 도움이 된다.

✴ 자아 주도적인 변화는 치료 관계를 종결하기 위한 아동의 준비도를 나타낸다
(Landreth, 2002)

1. 아동은 덜 의존적이며 자아에 중점을 둘 수 있다.
2. 아동은 자신의 욕구들을 개방적으로 표현하고 덜 혼동한다.
3. 아동은 자신의 감정과 행동들에 대한 책임감을 수용한다.
4. 아동은 자신의 행동을 적절히 제한한다.
5. 아동은 좀 더 자아 주도적이며 자신감 있게 활동을 시작한다.
6. 아동은 융통성 있으며 예기치 않은 일들에 인내심을 가진다.
7. 아동은 협력적이나 자신의 주관이 있다.
8. 아동의 부정적이고 슬픈 표정은 행복하고 기쁜 표정으로 변화된다.

9. 아동은 놀이를 통하여 이야기를 연속적으로 표현할 수 있다. 아동의 놀이가 방향성을 띠게 된다.

10. 아동은 자아를 좀 더 수용한다.

✱ 치료적인 관계를 끝맺기

• 아동은 종결과 치료적인 관계에 대한 자신의 감정들과 근심들을 탐색하기 위하여 대략 2~3회기가 필요하다.

• 치료를 끝맺는 것에 대한 결정에 아동도 참여해야 한다.

• 치료를 종결하기로 결정하였다면 놀이치료사는 아동에게 각 놀이치료 회기 마지막마다 다음의 사항들을 재확인시킨다.

Josh야, 놀이치료 시간이 2번 더 남았단다.

Josh야, 놀이치료 시간이 1번 더 남았단다.

Josh야, 이번 시간이 마지막 놀이치료 시간이란다.

제 12 장

아동의 자아 통제력과 자아 훈련 발달을 위하여 부모를 훈련시키기

놀이치료사는 아동이 놀이치료를 받을 때, 아동의 부모와 정기적으로 면담을 가져야 한다. 많은 부모들은 아동의 자아 통제력과 자아 훈련을 발달시키기 위한 정보들을 얻고자 한다. 다음의 정보들은 부모들이 자녀들을 위한 새로운 기술들을 배우는 데 도움이 될 수 있다.

두 가지 대안들 중에서 선택권을 주기

❊ 선택권을 주는 이유

아동의 연령에 따라 적절한 선택권을 주는 것은 아동에게 결정권을 행사하고 자신의 결정에 대한 책임감을 가질 수 있는 기회를 제공한다.

❊ 아동을 처벌(체벌)을 가할 때

체벌을 가하거나 야단을 치는 것은 효과가 단기적이며 아동의 양심이 발달하지 못한다.

❊ 아동이 선택권을 행사할 때

아동이 선택권을 행사할 때는 효과가 장기적이다. 아동은 자신의 선택을 결정한 후에 그 선택에 대한 생각을 계속하게 된다. 이것은 아동의 양심을 발달시킬 수 있다.

✻ 만약 성인들이 아동에게 일생 동안 어떻게 해야 하는지를 지시한다면, 언제 아동이 선택권을 행사하고 자아 책임감을 배우겠는가?

• 아동들은 자신의 선택에 대한 결과를 경험함으로써 책임감을 배운다.

✻ 만약 성인이 개입하여 아동의 갈등을 해결하거나 아동을 처벌한다면 아동은 무엇을 배우겠는가?

1. 우리가 해결하지 못하는 것은 부모님이 해결할 것이다.

2. 놀이치료사들인 우리는 아동들이 자신의 선택권을 결정하는 법을 배우길 원한다. 아동들은 자아 책임감과 자아 통제력을 발달시킬 수 있으며 충동 억제도 배우게 된다.

✻ 두 가지 대안들 중에서 선택권 주기의 예

부모의 목적   여덟 살 난 딸이 저녁 8시 이전에 숙제를 마치도록 한다.

부모의 반응   "너는 숙제를 학교에서 집으로 왔을 때 바로 하거나 또는 저녁 먹은 후에 하는 것 중에 선택할 수 있단다."

✻ 선택권을 부여할 때의 지침들

1. 무엇이 가장 중요한지를 결정하고 나서 아동이 한 번에 한 가지 선택을 하도록 한다. 아동에게 여러 가지 선택권을 한꺼번에 주는 것은 아동에게 압도감을 느끼게 할 수 있다.

2. 어린 아동들에게는 작은 선택권을 주고 큰 아동들에게는 큰 선택권을 준다.

Oreo Cookie 예   Garry Landreth의 『Choices, Cookies & Kids: A Creative Approach to Discipline』에서 나온 예

세 살 난 아동이 과자를 한 손 가득히 쥐고는 먹으려고 한다.

선택   너는 과자를 1개 먹고 나머지는 과자 봉지에 넣기를 선택하거나 또는 과자 모두를 봉지에 넣기를 선택할 수 있단다. 어떤 것을 선택할래?

만약 아동이 선택하기를 거부한다면   나는 네가 과자 2개를 먹고 싶어 한다는 것을 안단다. 하지만 2개 먹는 것은 선택에 들어가지 않는단다. 너는 과자 1개를 선택하든지 또는 과자 모두를 봉지에 넣기를 선택할 수 있단다. 어떤 것을 선택할래?
만약 아동이 다시 선택하기를 거부한다면   네가 만약 선택을 하지 않는다면, 너는 엄마가 선택하도록 하는 것을 선택하게 된단다. 너는 과자 1개를 선택할래 아니면 과자 모두를 갖다 놓기를 선택할래? (인내심을 가지고 기다린다.) 아하, 너는 엄마가 선택하도록 하는 것을 선택하였구나. 나는 널 위해 과자 모두를 갖다 놓는 것을 선택한단다.

1. Emma가 사탕을 한줌 쥐고 있다. Emma의 부모님은 Emma가 사탕을 2개 이상 먹기를 원하지 않는다.

   Emma야, 너는 _____ 하기를 선택하거나
   또는 _____ 하기를 선택할 수 있단다.

2. 학교에서 돌아온 Sarah는 큰 과자 봉지를 들고는 TV 앞에 앉았다. Sarah의 부모님들은 2시간 후에 먹을 저녁 식사를 위해서 Sarah가 과자를 먹지 않기를 바란다.

   Sarah야, 너는 _____ 하기를 선택하거나
   또는 _____ 하기를 선택할 수 있단다.

선택권을 부여할 때   부모나 아동의 보호자가 아동에게 선택권을 부여할 때, 부모나 보호자의 목소리에는 아무 감정을 실지 않은 채 선택권을 제공하는 것이 중요하다. 부모의 목소리에서 분노와 좌절감들이 나타난다면, 부모는 아동과의 파워 갈등을 하고 있다는 것을 나타낸다. 아동은 자신이 원하는 것을 얻기 위하여 부모를 조정하거나 더 힘들게 하는 법을 알 수 있다.

어떤 아동들은 자신이 원하는 것을 얻지 못했을 때, 소리를 지르거나 울기도 한다. 아동들이 이러한 감정과 행동을 표현했을 때, 부모가 아동에게 굴복하는 경우에 아동은 자신이 원하는 것을 얻기 위해 소리를 지르거나 우는 것이 효과적이라는 것을 배우게 된다.

행동의 결과에 따른 선택권들을 부여하기

(Garry Landreth의 비디오테이프인
〈Choices, Cookies & Kids: A Creative Approach to Discipline〉에서 발췌)

❊ 아동들이 자기 장난감들을 치우지 않을 경우

문제점: 부모는 아동들이 장난감들을 가지고 논 후, 계속해서 치우지 않는 것에 좌절감을 느낀다.

해결책: 무슨 일이 일어났는지에 대한 아동의 관점에 귀 기울이며, 아동의 문제에 개입하며, 갈등을 해결하려고 노력한다.

아동의 관심을 얻기: "우리는 아주 중요하고 새로운 규칙을 실시하려고 한단다. 그 규칙은…"

❊ 선택의 두 가지 대안들을 제시하기

1. 네가 거실에 있는 장난감들을 치우기로 선택한다면, 너는 오늘 저녁에 네가 좋아하는 만화를 보기로 선택한 것이고,

2. 네가 거실에 있는 장난감들을 치우지 않기로 선택한다면, 너는 오늘 저녁에 네가 좋아하는 만화를 보지 않기로 선택한 것이란다.

❊ 차 안에서 싸우는 아동들에게 처음으로 선택권을 소개하기

1. 우리는 아주 중요하고 새로운 규칙을 실시하려고 한단다. 그 규칙은…

2. 너희가 만약에 차 안에서 싸우지 않기로 선택한다면, 너희는 오늘 TV를 볼 수 있고,

3. 너희가 싸우기로 선택한다면, 너희는 오늘 TV를 보지 않기로 선택한 것이란다.

실습

Maggie는 일주일에 두 번 집안 쓰레기를 버리는 책임을 지고 있다. Maggie는 쓰레기 버리는 것을 자주 잊어버린다.

_____, 네가 쓰레기를 버리기로 선택한다면,

너는 _____를 하기로 선택한 것이고

만약 네가 쓰레기를 버리지 않기로 선택한다면,

너는 _____를 하지 않기로 선택한 것이란다.

✳ '긍정적인' 그리고 '부정적인' 언급을 둘 다 하는 것을 기억하기

부정적인 언급만 할 경우 Maggie야, 네가 쓰레기를 버리지 않기로 선택한다면, 너는 오늘 저녁에 전화를 사용하지 않기로 선택한 것이란다.

긍정적인 언급과 부정적인 언급을 모두 할 경우 Maggie야, 네가 쓰레기를 버리기로 선택한다면, 너는 오늘 저녁에 전화를 사용하기로 선택한 것이란다.
Maggie야, 네가 쓰레기를 버리지 않기로 선택한다면, 너는 오늘 저녁에 전화를 사용하지 않기로 선택한 것이란다.

✳ 토론할 질문

선택권을 제공할 때 긍정적인 언급과 부정적인 언급을 둘 다 하는 것이 왜 중요한가?

_____

_____

긍정적인 언급과 부정적인 언급을 둘 다 하는 것은 부정적인 언급만 하는 것과 어떻게 다른가?

_____

_____

실습

Madison은 거실에서 장난감을 가지고 논 후에 장난감을 치우지 않고 그대로 놔둔다.

_____, 네가 _____ 하기를 선택한다면

너는 _____ 을 선택한 것이고,

네가 _____ 하지 않기를 선택한다면

너는 _____ 를 하지 않기로 선택한 것이란다.

열 살 난 Mitch가 저녁 8시 이전에 숙제를 마치는 것이 Mitch 집에서의 규율이다. Mitch는 밖에서 놀고 있으며 저녁 7시 30분이 되었는데도 숙제를 시작하지도 않았다. 8시쯤에 Mitch가 좋아하는 TV 프로그램이 시작되었고, Mitch가 숙제를 끝내려면 아직 두 페이지를 더해야 했다.

_____, 네가 _____

_____

네가 _____

_____

Gina는 매일 저녁 먹기 전에 강아지를 데리고 산책할 책임이 있다. Gina는 가끔씩 산책하는 책임을 잊어버린다. Gina가 좋아하는 것은 저녁에 비디오 게임을 하는 것이다.

_____ , 네가 _____

_____

네가 _____

_____

Dominic는 여름 동안에 잔디를 깎을 책임이 있다. Dominic는 월요일 또는 화요일에 잔디를 깎아야 한다. Dominic의 부모가 Dominic에게 잔디 깎는 책임을 여러 번 미리 알려 주었음에도 불구하고, Dominic는 목요일 또는 금요일이 될 때까지도 잔디를 깎지 않고 있다. Dominic는 매일 오후에 수영장에 가서 수영하는 것을 좋아한다.

_____ , 네가 _____

_____

네가 _____

_____

❋ 네가 결정한 바로 그 순간에 너는 그렇게 하기로 결정한 것이다.

아동들은 자신이 선택을 한 바로 그 순간에, 자신이 그렇게 하기로 결정한 것이라는 것을 배울 필요가 있다.

예 Romano는 자기 신발을 거실에 벗어 놓았다.

1. Romano야, 네가 네 신발을 신발장 안에 넣기로 선택한다면, 너는 Sesame Street 를 보기로 선택한 것이란다.

2. 네가 네 신발을 신발장 바깥에 놓기로 선택한다면, 너는 Sesame Street를 보지 않 기로 선택한 것이란다.

3. Romano는 엄마가 다가오는 것을 보고는 얼른 달려가서 자기 신발을 들고는 신 발장에 넣는다.

4. Romano야, 나는 네가 무슨 생각을 하고 있는지 안단다… 하지만 네가 신발을 신 발장 바깥에 놓기로 선택한 바로 그 순간에, 너는 Sesame Street를 보지 않기로 선택한 것이란다.

❋ 토론할 질문

만약 Romano가 재빨리 달려가서 자기 신발을 신발장에 넣은 후에 자신이 원하는 Sesame Street를 볼 수 있다면, Romano는 무엇을 배우겠는가?

✳ 실습

Romano는 계속해서 자기 옷이랑 신발을 거실과 신발장 바깥에 놓는다. Romano의 어머니는 Romano가 자신의 옷가지와 신발들을 옷장과 신발장에 넣기를 원한다. 선택을 부여하기

_____ , _____

_____

_____

_____

Romano는 달려가서 거실에 남겨 놓았던 옷이랑 신발을 주워서 옷장과 신발장에 가지고 가려고 한다.

_____ , 나는 네가 무슨 생각을 하는지 안단다.

하지만 _____

_____

_____

❇ 여러분 자신의 예를 적기

여러분이 어린 아동이었을 때, 집에서 일어났던 일들을 바탕으로 한 가지 예를 적어 보기. 여러분의 부모님이 여러분의 독립성과 책임감을 발달시키기 위하여 원했던 일들을 선택하여 적어 보기

상황:

긍정적인 선택:

부정적인 선택:

놀이치료 사례연구

　　놀이치료 사례연구 부분에서는 놀이치료상에서 나타나는 여섯 가지의 각기 다른 문제들을 다루고 있다. 다양한 놀이치료 회기에서 발췌한 문제들은 구체적인 치료 반응들에 대한 논평을 오른쪽 칼럼에 함께 나타내었다.

♣ ♣ ♣

　　'**초기 상호작용**' 이라는 부분은 아동과 놀이치료사 간의 여러 가지 상호작용으로, 향상할 필요가 있는 반응들이다. 치료적인 과정과 놀이치료사의 치료적인 반응들의 질에 대한 몇 가지 우려 사항도 오른쪽 칼럼에 기술하였다.

♣ ♣ ♣

　　'**효과적인 상호작용**' 이라는 부분에서는 효과적이고 치료적인 반응들을 나타내었고 아동과 치료사 간의 상호작용에 대한 논평들도 함께 제시하였다. 또한 왜 효과적인 치료 반응들인지에 대한 논평도 함께 제시하였다.

사례 연구: 학교 행동 문제

네 살 난 Mike의 어머니는 Mike를 놀이치료에 의뢰하였다. 어머니의 보고에 따르면 Mike의 유치원 선생님은 Mike가 유치원에서 소란을 피우며 수업을 방해하기 때문에 Mike의 어머니에게 불만스런 전화를 많이 하였다고 한다. Mike의 어머니는 최근에 선생님과의 면담에서 Mike가 다른 아동들에게 장난감을 던지며, 다른 아동들의 기분을 나쁘게 하는 이상한 별명을 부른다는 것을 알았다. 지난주에는 선생님이 Mike를 혼내자, Mike가 자기 의자를 던지고 책상을 넘어뜨렸다.

Mike의 어머니는 놀이치료사에게 자신은 Mike와 집에서 아무 문제가 없다고 설명하였다. 어머니는 Mike가 가끔씩 간식 먹는 것과 잠자는 것에 대한 규칙들을 어기지만 대체로 말을 잘 듣는다고 보고하였다. 또한 어머니는 아침에 Mike를 유치원에 보내기 위해 옷을 입히는 데 어려움을 겪는다고 언급하였다.

놀이치료 첫 번째 회기에서 발췌

학습 목적: 놀이치료사는 아동의 주도를 효과적으로 따라가며 편안한 자세를 취하는 것을 배운다.

이후에 나타난 초기 상호작용에서는 놀이치료사가 아동이 원할 때 놀이에 함께 참여하는 아동의 주도를 따르지 않고 있다. 효과적인 상호작용에서는 놀이치료사가 아동의 주도를 따르며 아동의 경험에 대한 이해를 더욱 잘하고 있다. 더욱이 효과적인 상호작용에서 놀이치료사의 반응은 아동과 놀이치료사 간의 치료적인 관계를 나타낸다.

✽ 초기 상호작용

발췌 1 첫 번째 놀이치료 회기에서 놀이치료사는 아동이 요구할 때 놀이에 참여하는 아동의 주도를 따라가지 못하고 있다.

치료사: 안녕, Mike야. 나는 Harrington 선생님이란다. 너희 어머니가 오늘 여기 오는 것에 대해서 이야기해 주셨니?	치료사는 자신을 소개하고 있다.
Mike: 네. 엄마는 내가 학교에서 말썽을 그만 피워야 한대요. 그리고 선생님이 제가 말썽부리지 않게 도와주실 거래요.	
치료사: 여기는 놀이치료실이고, 여기서는 네가 여러 가지 것들을 할 수 있는 곳이란다.	치료사는 놀이치료실을 아동에게 소개하고 있다.
Mike: (조용히 치료실을 둘러본다.)	아동은 여기서 무엇을 할지 잘 모르고 있다. 많은 아동들은 주도권을 가지고 자기 행동이나 경험들을 이끄는 경험을 가져 보지 않았기 때문에 놀이치료 상황에서 주저할 수 있다.
치료사: 나는 네가 치료실에 있는 모든 장난감들을 보고 있는 것을 안단다.	"너는 치료실에 있는 모든 장난감들을 보고 있구나."라고 반응한다. "나는 …안단다."라는 반응은 반응의 초점이 아동이 아닌 치료사에게 가기 때문에 그러한 반응은 하지 않는다.

Mike: (흥분된 목소리로) 여기는 신나는 것들이 많이 있어요. 이게 모두 저를 위해 있는 건가요?	
치료사: 너는 여기에 있는 모든 것을 사용할 수 있어서 기분이 좋구나.	치료사는 아동의 흥분된 감정을 반영하고 있다. 감정 반영은 아동을 인정하고 아동이 자신의 감정을 확인하고 의사소통하는 것을 배우게 한다.
Mike: (선반 쪽으로 가서 긴 칼을 2개 집고는 하나를 치료사에게 준다.) 칼싸움해요.	
치료사: 나는 칼싸움을 하지 않기로 선택하였단다. 너는 펀치 백과 칼싸움을 할 수 있단다.	치료사는 아동이 공격적인 놀이에 참여함으로써 타인에 대한 공격심을 나타내도 된다는 것을 배울 것에 대한 우려를 나타내었다.
Mike: (펀치 백 쪽으로 가서 칼로 여러 번 친다. 아동은 재미없어 보이고 분노와 공격심을 나타내지 않는다. 아동은 칼을 땅바닥에 던지고 다시 선반 쪽으로 가서 밧줄을 집는다.) 자, 여기 끝을 잡아요. 저는 다른 쪽을 끝을 잡을게요.	치료사의 근심으로 공격심을 허용하지 않는 반응은 아동과의 관계를 발달시킬 수 있는 치료사의 능력을 방해하고 있다. 아동은 치료사와의 신체적인 상호작용을 다시 한번 시도하고 치료사와의 관계를 형성하려고 한다.
치료사: 그래, 난 맨 끝을 잡았단다.	치료사는 아동의 대화 내용에 반응함으로써 아동의 요구를 언어적으로 그리고 밧줄의 맨 끝을 잡음으로써 반응하고 있다.
Mike: (재미있어 하는 목소리로) 자, 이젠 힘껏 당겨요. 저도 당길게요. 밧줄 당기기같이요. 저는 선생님을 제 쪽으로 당길 거예요.	아동은 치료사가 자기 쪽으로 당겨질 거라는 것을 생각하고 있다.
치료사: 나는 밧줄 당기는 놀이를 싫어한단다. 우리 둘이 밧줄을 서로 당겨서 갈등을 일으키지 않는 놀이를 하자구나.	치료사는 다시 한 번 자신이 아동의 놀이에 개입하는 것이 불편하다고 언급하고 있다. 치료사는 아동이 이해하지 못하는 '갈등'이라는 용어를 사용하고 있다.
Mike: 갈등이 뭐예요?	아동은 치료사가 사용한 갈등이라는 말에 대해 설명을 요구하고 있다.
치료사: 두 사람이 잘 지내지 못하는 거란다.	치료사는 '갈등'의 개념을 설명하고 있다.
Mike: 오! (아동이 그림 그리는 곳으로 가서 치료사를 등지고 그림을 그리기 시작한다.).	아동의 비언어적인 행동은 아동이 치료사와의 관계를 형성하기 위하여 더 이상 적극적으로 노력하지 않는다는 것을 나타낸다.
치료사: 너는 그림을 열심히 그리는구나.	치료사는 아동의 노력을 인정하고 있다. 자아존중감을 발달시키는 반응

Mike: (치료사의 언급에 반응하지 않는다.)	아동은 치료사를 칼싸움과 밧줄 놀이에 개입시켜서 치료사와의 관계를 형성하려고 노력하였다. 치료사의 거절하는 반응들로 아동은 거부감을 느꼈고 혼자서 놀이를 시작하고 있다.

❊ 효과적인 상호작용

발췌 2 치료사는 아동의 주도를 따라가고 편안한 자세를 취하며 아동이 요구할 때 놀이에 개입한다.

치료사: 안녕, Mike야. 나는 Harrington 선생님이란다. 너희 어머니가 오늘 여기 오는 것에 대해서 이야기해 주셨니?	치료사는 자신을 소개하고 있다.
Mike: 네. 엄마는 내가 학교에서 말썽을 그만 피워야 한대요. 그리고 선생님이 제가 말썽부리지 않게 도와주실 거래요.	
치료사: 여기는 놀이치료실이고 여기서는 네가 여러 가지 것들을 할 수 있는 곳이란다.	치료사는 놀이치료실을 아동에게 소개하고 있다.
Mike: (조용히 치료실을 둘러본다.)	아동은 여기서 무엇을 할 지 잘 모르고 있다. 많은 아동들은 주도권을 가지고 자기 행동이나 경험들을 이끄는 경험을 가져 보지 않았기 때문에 놀이치료 상황에서 주저할 수 있다.
치료사: 너는 치료실에 있는 모든 장난감들을 보고 있구나.	아동의 비언어적인 행동을 인정한다.
Mike: (흥분된 목소리로) 여기는 신나는 것들이 많이 있어요. 이게 모두 저를 위해 있는 건가요?	
치료사: 너는 여기에 있는 모든 것을 사용할 수 있어서 기분이 좋구나.	치료사는 아동의 감정을 정확하게 반영하기 위하여 아동의 목소리 톤과 보디랭귀지에 초점을 둔다. 치료사는 아동의 흥분한 감정을 반영하고 있다.
Mike: (선반 쪽으로 가서 긴 칼을 2개 집고는 하나를 치료사에게 준다.) 칼싸움해요.	

치료사: (치료사는 칼을 잡고, 아동은 자기 칼을 치료사의 칼에 대고는 힘껏 민다.) 너는 열심히 하는구나. 너는 그 칼들을 가까이서 바라보는구나.	이러한 반응은 아동의 노력을 인정하고 자아존중감을 발달시키는 반응이다. 치료사는 아동의 목소리 톤, 얼굴 표정, 일반적인 보디랭귀지가 분노와 공격심을 나타내지 않기 때문에 분노와 공격심이라는 감정에 초점을 두지 않고 있다.
Mike: 네. 저는 선생님 칼이 저에게 닿는 것이 싫어요. 제가 다칠 수 있잖아요. (아동은 자기 칼을 땅바닥에 떨어뜨리고 선반으로 가서 밧줄을 집는다.) 자, 여기 끝을 잡아요. 저는 다른 쪽을 끝을 잡을게요.	
치료사: 그래, 난 맨 끝을 잡았단다.	치료사는 아동의 지시를 따른다는 것을 아동에게 전달하고 있다.
Mike: (재미있어 하는 목소리로) 자, 이젠 힘껏 당겨요. 저도 당길게요. 밧줄 당기기같이요. 저는 선생님을 제 쪽으로 당길 거예요.	아동의 전반적인 감정은 분노와 공격심을 나타내지 않는다. 아동은 치료사가 자기 쪽으로 당겨질 거라는 것을 생각하고 있다.
치료사: 너는 내가 네 쪽으로 가길 원하는구나.	이러한 내용 반영은 치료사를 아동 자신 쪽으로 오게 하려는 아동의 의도를 인정하고 있다.
Mike: 네, 바로 제 옆으로요.	
치료사: (치료사는 속삭임 기법을 사용한다. 속삭이는 목소리로) 내가 어떻게 하길 바라니?	치료사의 속삭임 기법으로 아동이 계속해서 주도하고 있다.
Mike: 너무 세게 당기지 마세요. 제가 선생님을 제가 있는 쪽으로 당길게요. (치료사는 그제야 아동 옆으로 앉게 된다.)	치료사는 아동 옆으로 앉고는 아동과의 눈높이를 같이 맞춘다.
치료사: 너는 내가 좀 더 가까이 있기를 원하는구나.	치료사는 아동이 치료사와 더 가까이 있고 싶어 하는 아동의 욕구를 인정한다.
Mike: 저는 힘이 세서 선생님을 제 옆으로 오게 할 수 있었어요.	아동은 자신의 장점과 능력들을 인정한다.

놀이치료 첫 번째 회기에서 발췌

학습 목적: 놀이치료사는 아동의 감정들을 반영하는 것을 배운다.

여기서 나타난 놀이치료 회기에서는 아동의 감정들을 확인하고 반영하는 중요성을 나타내고 있다. 첫 번째 발췌에서 놀이치료사는 Mike의 감정들을 반영하는 기회를 놓치고 있다. 두 번째 부분에서 놀이치료사는 아동의 감정들을 반영하고 아동의 경험에 대한 이해를 높이고 있다.

❈ 초기 상호작용

발췌 1 놀이치료사는 아동의 감정들을 인정하는 기회를 놓치고 있다.

❈ 놀이치료 회기 시작 부분

아동이 치료실에 들어온 지 몇 분이 지난 후에 자신의 손을 땅에 대고 무릎을 굽히고 치료실을 기어 다니기 시작하였다. 아동은 자기가 고양이이며 '야옹' 소리를 내기 시작하였다.

Mike: 야옹. 야옹. 전 고양이예요. 저는 집이 없어요. (아동이 치료사 옆으로 기어온다. 아동의 목소리는 슬프다.)	
치료사: 너는 집 없는 고양이 흉내를 내는구나.	치료사는 아동의 슬픈 감정을 반영하는 것을 놓치고 있다. 치료사는 아동의 감정을 표현하기 위하여 아동의 얼굴 표정, 보디랭귀지를 살필 필요가 있다.
Mike: (아동이 치료사의 다리 쪽으로 기고는 벽을 긁기 시작한다.) 저는… 저는 가족이 없어요. 야옹. 야옹. (플라스틱 공을 핥는 흉내를 낸다. 목소리는 여전히 슬프다.)	

치료사: 너는 고양이 흉내 내는 것을 좋아하는구나.	치료사는 아동이 고양이 흉내를 좋아한다는 사실에 반응한다. 치료사는 아동의 슬픈 감정과 아동이 가족이 없다는 중요한 메시지에 반응하지 못하고 있다.
Mike: 이젠, 고양이 흉내 안 내고 그림 그릴래요.	아동은 은유적인 놀이를 그만두고 새로운 활동을 시작하기로 결정한다.
치료사: 너는 고양이 흉내 내는 것을 그만두었구나.	아동의 대화 내용을 반영하나 아동이 이해받지 못한다고 느끼는 전반적인 메시지를 놓치고 있다.

✳ 효과적인 상호작용

발췌 2　치료사는 아동의 감정들을 반영한다.

Mike: 야옹. 야옹. 전 고양이에요. 저는 집이 없어요. (아동이 치료사 옆으로 기어온다. 아동의 목소리는 슬프다.)	
치료사: 네 목소리가 무척 슬프게 들리는구나.	치료사는 아동의 목소리 톤에서 슬픈 감정을 알아차리고, 슬픔을 인정한다. 치료사는 아동의 감정을 반영한다.
Mike: (아동이 치료사의 다리 쪽으로 기고는 벽을 긁기 시작한다.) 저는 가족이 없어요. 저는 혼자예요.	치료사의 감정 반영으로 아동은 자신이 왜 슬픈지를 설명하고 있다.
치료사: 너는 외롭고 누군가 있길 원하는구나.	치료사는 외로움을 예감하고 감정을 반영한다.
Mike: 네. 저는 절 돌볼 수 있어요. (아동이 아기 침대로 가서는 담요로 자신을 덮는다.)	감정 반영은 아동의 새로운 행동 표현을 촉진한다.
치료사: 너는 지금 널 돌봐 줄 사람이 없으니, 너 스스로를 돌보기로 결정하였구나. 그리고 넌 누울 침대와 담요를 발견하였구나.	치료사는 아동의 내용, 비언어적인 행동 그리고 어려움에 대처하는 기법들을 인정하고 있다.
Mike: 네. 전 지쳐서 쉬어야 해요.	아동은 치료사가 자신을 이해한다는 것을 느낀다.

놀이치료 여섯 번째 회기에서 발췌

학습 목적: 놀이치료사는 아동의 감정들을 반영하는 기회들을 확인하고 반응하는 것을 배운다.

여기서는 놀이치료 회기에서 나타난 아동의 감정들을 존중하고 인정하는 중요성을 나타내고 있다. 놀이치료사는 아동의 감정들을 반영함으로써 놀이치료 회기를 더 깊이 있게 이해하고 아동과 아동의 경험에 대해 많은 것을 배울 수 있다. 아동과 치료사 간의 상호작용에서는 치료사가 아동의 감정과 인형의 감정들을 반영하는 것을 계속해서 놓칠 경우 놀이치료 회기가 어떻게 달라지는지를 나타내고 있다.

✱ 초기 상호작용

발췌 1 놀이치료사는 아동의 감정들을 반영하는 기회를 놓치고 있다.

✱ 놀이치료 회기 시작 부분

아동이 치료실에 들어와서 여러 가지 놀잇감과 놀이 매체들을 둘러본다. 아동이 선반으로 와서 G. I. Joe (군인) 형태의 남자 인형 2개를 관심 있게 본다.

Mike: 이 인형은 못생겼어요. 그리고 머리카락도 까매요. (혐오스러운 얼굴 표정으로 인형을 보고 나서는 옆으로 던진다. 다른 인형을 집는다.) 이 인형은 영리하고 힘이 세요. 머리카락도 밝고, 이게 저것보다 훨씬 나아요.	
치료사: 하나는 못생겼고, 또 하나는 영리하고 힘이 세구나.	치료사는 두 인형에 대한 특성들을 언급하고 있으나 아동의 각 인형에 대해 싫어하는 그리고 좋아하는 감정을 인정하지 않고 있다.

Mike: 네. 다른 것은 못생겼어요. (아동은 까만 머리카락을 지닌 인형을 집고는 모래 상자 쪽으로 걸어가서 천천히 묻기 시작한다. 아동이 그 인형 목소리를 내며 말한다.) 저는 깊숙이, 깊숙이 밑으로 묻히고 있어요. (슬픈 목소리 톤으로)	
치료사: 너는 그 인형을 깊게 모래 속으로 묻고 있구나.	치료사는 인형의 슬픈 감정을 인정하는 것을 놓치고 있다. 바로 이 시점에서 아동의 놀이가 변한다.
Mike: 네. 전 이걸 보고 싶지 않아요. (인형 묻는 것을 멈춘다.)	
치료사: 넌 숨기길 원하는구나.	치료사는 아동의 대화 내용을 인정하고 있다. 치료사는 아동이 묻는 인형을 싫어한다는 것을 인정하는 기회를 놓치고 있다.
Mike: (밝은 색 머리카락을 지닌 인형을 집는다. 인형을 모래 쪽으로 거꾸로 세우고는 인형에게 말한다.) 나는 행복하고, 힘이 세요. 제가 최고예요.	
치료사: (인형에게 직접 이야기한다.) 너는 너를 정말로 좋아하는구나.	치료사는 인형을 활용하여 자아존중감을 발달시키는 반응을 하고 자신에 대한 인형의 긍정적인 감정들을 인정하고 있다.
Mike: 제가 최고예요. 제가 최고예요.	
치료사: 음.	

❋ 효과적인 상호작용

발췌 2 치료사는 아동의 감정들을 반영한다.

Mike: 이 인형은 못생겼어요. 그리고 머리카락도 까매요. (혐오스러운 얼굴 표정으로 인형을 보고 나서는 옆으로 던진다. 다른 인형을 집는다.) 이 인형은 영리하고 힘이 세요. 머리카락도 밝고, 이게 저것보다 훨씬 나아요.	
치료사: 너는 밝은 머리카락을 가진 힘이 센 인형을 다른 인형보다 더 좋아하는구나.	치료사는 아동의 감정과 내용을 반영한다.

Mike: 네. 다른 것은 못생겼어요. (아동은 까만 머리카락을 지닌 인형을 집고 모래 상자 쪽으로 걸어가서 천천히 묻기 시작한다. 아동이 그 인형 목소리를 내며 말한다.) 저는 깊숙이, 깊숙이 밑으로 묻히고 있어요. (슬픈 목소리 톤으로)	
치료사: (슬픈 목소리로) 네 목소리가 매우 슬프게 들리는구나.	치료사는 자신의 목소리 톤을 아동의 슬픔과 맞게 반응하고 아동의 슬픈 감정을 반영한다.
Mike: 저는, 저는 죽어 가요. 전 어떻게 해야 할지 몰라요. (인형 묻는 것을 끝낸다.)	
치료사: 너는 너 혼자 어떻게 할 수도 없고 무척 슬프구나. (조용하고 슬픈 목소리 톤으로)	감정을 반영하는 것은 초보 놀이치료사들에게 힘든 일일 수 있다. 치료사는 아동의 감정 상태를 조용하고 슬픈 목소리 톤으로 아동의 감정과 내용을 반영함으로써 반응한다.
Mike: (밝은 색 머리카락을 지닌 인형을 집는다. 인형을 모래 쪽으로 거꾸로 세우고는 인형에게 말한다.) 나는 행복하고, 힘이 세요. 전 많은 것들을 할 수 있어요. 저는 까만 머리카락을 가진 인형이 싫어요. 그 인형은 나빠요 … 아주 나빠요.	
치료사: 너는 정말로 힘이 세고 행복한 인형을 좋아하는구나. 그리고 다른 인형은 싫고 그 인형은 아주 나쁘구나.	치료사는 각 인형에 대한 아동의 좋아하는 그리고 싫어하는 감정을 반영한다.
Mike: 아주 나빠요. 그 인형은 제대로 하는 것이 없어요.	치료사의 감정 반영으로 아동은 왜 그 인형이 나쁜지에 대한 이유를 설명하고 있다.
치료사: 너는 실수를 많이 하는 인형에게 화가 많이 났구나.	치료사는 분노 감정과 내용을 반영한다.
Mike: 이 인형은 실수를 너무 많이 해요. 아무도 이 인형을 좋아하지 않아요. 이 인형은 나빠요.	감정 반영으로 아동은 '아무도 그 인형을 좋아하지 않는다'는 설명을 자세하게 하고 있다.
치료사: 그 인형은 매우 외롭겠고 어느 누구도 자기를 좋아하지 않으니 무척 슬프겠구나.	치료사는 인형의 슬픔과 외로움을 예견하고 있으며, 그러한 감정들을 반영하고 있다.
Mike: 이 인형은 밝은 머리카락을 가진 인형처럼 할 필요가 있어요. 그래야 친구들도 많이 생길 거예요.	

제14장

사례 연구: 슬픔과 상실

       다섯 살 난 Kaleigh의 어머니는 Kaleigh를 놀이치료에 의뢰하였다. Kaleigh의 어머니는 Kaleigh가 4개월 된 동생 Elissa가 유아 돌연사 증후군으로 6주 전에 죽은 후부터 잠을 잘 자지 못한다고 보고하였다. 어머니는 또한 Kaleigh의 식욕이 급격하게 줄어들었으며, 학교에서는 배가 아프다고 양호실을 자주 찾는다고 언급하였다. Kaleigh의 선생님은 Kaleigh가 지난 6주 동안 화를 자주 내었으며, 이야기 시간에 다 같이 앉으라는 단순한 지시에도 따르지 않았다고 보고하였다. Kaleigh의 선생님은 또한 Kaleigh가 책상 밑으로 기어 다니고, 공을 잡고 웅크리고 있으며, 자신의 지시를 여러 번 무시하였다고 보고하였다.

  어머니는 Kaleigh의 아버지와 함께 Kaleigh의 행동이 급격하게 변화된 것을 알았으나 시간이 지나면 Kaleigh가 예전처럼 행동하게 되기를 고대하였다고 언급하였다.

놀이치료 첫 번째 회기에서 발췌

학습 목적: 놀이치료사는 아동을 격려하고 아동의 자아존중감 향상을 촉진하며 아동의 감정과 내용을 반영하는 것을 배운다.

초기 상호작용에서는 놀이치료사가 아동을 격려하고 아동의 자아존중감 향상을 촉진하며 아동의 감정과 내용을 반영하는 기회를 놓치고 있다. 효과적인 상호작용에서 놀이치료사는 아동의 비언어적인 행동을 인정하며 기회가 주어질 때마다 아동의 감정과 아동이 말한 내용을 반영하고 있다.

❊ 초기 상호작용

발췌 1 놀이치료사가 아동을 격려하고 아동의 자아존중감 향상을 촉진하며 아동의 감정과 내용을 반영하는 기회를 놓치고 있다(치료가 시작된 후 5분 후에 대화가 시작되었다.).

Kaleigh: (장난감 수갑을 열려고 몇 분 동안 애를 쓰고 있다.) 왜 이게 열리지 않죠? (짜증난 목소리로)	
치료사: 너는 그게 왜 열리지 않는지 궁금하구나.	치료사는 아동이 말한 내용에 반응하고 있으며 아동의 좌절감, 노력 그리고 끈기를 인정하는 기회를 놓치고 있다.
Kaleigh: 그게 내가 알고 싶은 거예요. 이 바보 같은 게 왜 열리지 않죠? (아동이 수갑을 땅바닥에 던진다.)	
치료사: 너는 다른 것을 가지고 놀기를 결정했구나.	놀이치료사는 아동의 의사결정권 능력을 인정하고 있으나 아동의 분노와 좌절감을 반영하는 기회를 놓치고 있다.
Kaleigh: 네, 저게 열리지 않아서요.	
치료사: 너는 다음에 무엇을 할지 생각하고 있구나.	치료사의 반응은 아동이 주도권을 가지고 놀이치료를 계속해서 이끌어 가는 것을 격려하고 있다.

Kaleigh: (아기 인형 쪽으로 가서, 아기 인형을 집고는 바닥으로 던진다. 슬픈 목소리로) 내가 죽였어요.	던지는 행동을 포함한 일반적인 보디랭귀지는 분노로 가득 차 있다. 하지만 목소리 톤은 슬프다. 이것은 아동의 분노와 동생을 잃은 것에 대한 슬픔을 나타내며, 상실의 과정(grieving process)을 나타낸다.
치료사: 와.	치료사는 아동의 감정과 내용을 반영하는 기회를 놓치고 있다. (수퍼비전 동안 놀이치료사는 아동의 놀이에 충격을 받았고 아동에게 어떻게 반영을 해야 할지 몰랐었다고 보고하였다.)
Kaleigh: (그림 그리는 곳으로 와서는 그림을 그리기 시작한다.)	아동의 활동은 인형을 바닥에 던지는 것에서 그림 그리는 것으로 빠르게 바뀌었다. 이러한 놀이 중단(play disruption)은 아동의 감정이 너무 강렬하기 때문에 아동의 문제나 활동으로부터 떨어져서 휴식이 필요하다는 것을 나타낸다.
치료사: 너는 무슨 계획을 가졌구나. 너는 정말로 그림 그리는 것을 좋아하는구나.	치료사는 다른 놀이 활동을 하려는 아동의 주도성과 결정권을 인정하고 있다. 이러한 반응은 의사결정권을 촉진하는 반응이다.
Kaleigh: (종이 가운데에 크고 노란 해를 그리기 시작한다. 해에 눈을 그리고 웃는 얼굴을 그린다.)	
치료사: 너는 행복한 얼굴 표정을 한 해님을 그렸구나.	치료사는 아동의 행동을 인정하고 있다.
Kaleigh: 행복한 얼굴이 아니에요. (재빨리 해를 검은색으로 칠한다.)	아동의 언급은 치료사가 자신의 의도를 이해하지 못한다고 느끼는 것을 나타낸다.
치료사: 너는 마음이 변했고. 행복한 얼굴 표정을 만들지 않기로 결정했구나.	치료사는 아동의 말을 언어적으로 인정하고 아동의 의사결정권 능력을 인정하고 있다.
Kaleigh: 이 해님은 행복해질 수가 없을 거예요. (짜증난 목소리로)	아동은 여전히 치료사가 자신을 이해하지 못한다고 느끼고 또다시 이야기를 한다.
치료사: 오.	치료사는 아동의 짜증난 감정과 의도를 인정하는 기회를 놓치고 있다. (수퍼비전에서 치료사는 아동의 짜증난 목소리 톤이 너무 강렬해서 놀랐다고 말하였다.)
Kaleigh: 제가 이 해님은 결코 행복해질 수 없다고 말했잖아요! (화난 목소리로)	아동은 치료사가 아동 자신의 말("이 해님은 행복해질 수가 없을 거예요.")을 인정하지 않는 것에 대한 분노를 나타내고 있다.
치료사: 그렇구나.	치료사는 아동의 감정을 인정하는 기회를 놓치고 있으며 행복한 얼굴을 한 해라고 한 자신의 정확하지 않은 반응을 정정하고 있다.

❋ 효과적인 상호작용

발췌 2 놀이치료사가 아동의 감정과 내용을 반영하며 아동의 자아존중감 향상을 촉진하는 기회를 살피고 있다.

Kaleigh: (장난감 수갑을 열려고 몇 분 동안 애를 쓰고 있다.) 왜 이게 열리지 않죠? (짜증난 목소리로)	
치료사: 너는 그게 열리지 않아 매우 좌절스러운데도 여러 가지 방법으로 계속해서 열려고 애를 쓰는구나.	치료사는 아동의 좌절감, 노력, 인내심을 인정하고 있다. "너는 그것을 다른 방법으로 열려고 계속해서 애를 쓰는구나."라는 반응은 아동의 노력과 인내심을 인정하기 때문에 아동의 자아존중감을 발달시키는 반응이다. 아동의 노력을 인정함으로써 아동이 치료사의 반응을 내재화시킬 수 있다. 다시 말해서 "잘했어."와 같은 일반적인 칭찬은 하나의 과제를 성취하기 위해 필요한 노력을 언급하지 않고 있다. 아동은 "잘했어."와 같은 반응이 다른 사람의 의견이고 구체적으로 그리고 사실적으로 기술한 것이 아니기에 내재화할 수 없다. 이러한 형태의 칭찬은 아동으로 하여금 자신에 대한 좋은 감정을 가지기 위해서 타인(외재적인 강화)에게 의존하는 것을 가르친다.
Kaleigh: 저는 이것을 여는 방법을 알아낼 거예요. 이것 보세요. 열렸어요.	
치료사: 너는 노력해서 일이 해결되니 기분이 좋구나.	놀이치료사는 아동이 스스로 수갑을 열 수 있었다는 것에 대한 기쁨을 인정하고 있다.
Kaleigh: (Kaleigh는 자신에게 수갑을 채우면서 조용하고 우울한 얼굴 표정을 하였다.) 저는 감옥에 가요.	
치료사: 너는 감옥에 가고 네 목소리가 슬프게 들리는구나.	치료사는 아동의 보디랭귀지와 목소리 톤이 변화된 것을 알아차렸다. 치료사는 아동의 슬픔과 감옥에 가는 사실을 인정하고 있다.
Kaleigh: 요즘에는 모든 것이 슬퍼요.	
치료사: 너는 너무 슬퍼서 기분을 좋게 하는 어떠한 것도 찾기가 힘들구나.	치료사는 아동의 슬픔이 얼마나 압도적인지를 인정하고 있다.

Kaleigh: (수갑을 풀고는 아기 인형 쪽으로 가서, 아기 인형을 집고는 바닥으로 던진다. 슬픈 목소리로) 내가 죽였어요.	
치료사: 너는 네가 아기를 죽였다고 생각하고 너무 너무 슬프구나.	치료사는 아동의 슬픔과 아동 자신이 아기를 죽인 책임이 있다는 것을 인정하고 있다.
Kaleigh: 제가 아기를 죽였어요. 제가 Elissa를 죽였어요. 저는 감옥에 가야 돼요. (바닥에 던져진 인형을 바라본다.)	아동은 Elissa의 이름을 언급하였고 아동의 감정과 근심들은 아동 자신과 동생 Elissa의 죽음과 직접적으로 관련되기 시작한다.
치료사: 너는 Elissa의 죽음에 대해 네가 비난받아야 한다고 생각하는구나.	치료사는 아동의 대화 내용을 인정하고 있다.
Kaleigh: 네. Elissa가 병원에서 처음으로 엄마와 집에 왔을 때, 엄마는 저를 더 이상 사랑하지 않는 것 같았어요. 저는 Elissa가 죽었으면 좋겠다고 생각했어요. (화나고 슬픈 목소리 톤이다.)	치료사의 반영으로 아동은 왜 자신이 동생의 죽음에 대해 비난받아야 하는지를 설명하고 있다.
치료사: 너는 너무 슬프고 너 자신에 대해 무척 화가 나 있구나. 너는 동생이 없어졌으면 좋겠다는 너의 바람이 Elissa를 죽였다고 생각하는구나. 그리고 너는 엄마가 여전히 너를 사랑한다는 것을 정말로 알고 싶어 하는구나.	치료사는 아동의 슬픔과 분노, Elissa가 죽었으면 좋겠다는 아동의 바람이 동생을 죽였다는 아동의 생각을 인정하고 있다. 치료사는 여전이 아동의 어머니가 아동을 사랑한다는 것을 알고 싶어 하는 아동의 욕구를 예감하고 있다.
Kaleigh: 네. 저는 Elissa가 정말로 죽기를 바라지는 않았어요. (허리를 굽혀서 아기 인형을 줍고는 꼭 껴안는다.) 저는 Elissa가 살았으면 좋겠어요.	

놀이치료 두 번째 회기에서 발췌

학습 목적: 놀이치료사는 아동이 주도권을 지속해서 갖도록 하는 속삭임 기법을 사용하는 법을 배운다.

여기서는 아동이 놀이치료사에게 놀이에 참여해 달라고 요구할 때 속삭임 기법을 사용하는 중요성에 초점을 두고 있다. 속삭임 기법은 아동이 치료적인 놀이 과정과 치료의 방향을 계속해서 이끌도록 하는 기회를 제공한다.

속삭임 기법은 아동이 치료사를 아동의 놀이에 참여하도록 요구할 때 주로 활용한다. 아동이 치료사에게 함께 놀기를 요구할 때, 치료사는 속삭이는 목소리 톤으로 아동에게 "너는 내가 어떻게 하길 원하니?" 또는 "너는 내가 무엇이라고 말하길 원하니?"와 같이 묻는다. 이러한 기법으로 치료적인 놀이의 방향은 아동에게 달려 있게 된다.

다음의 놀이치료 회기에서는 어떻게 치료사가 아동의 놀이 과정에 개입하는지를 나타내고 있다. 초기 상호작용에서 치료사는 속삭임 기법을 사용하지 않고 아동이 치료사 자신에게 어떻게 개입하기를 원하는지를 추측하여 아동의 놀이에 개입하고 있다. 이러한 과정은 놀이의 방향이 치료사에 의해 결정되며 아동은 더 이상 치료 과정이나 놀이를 주도하지 않게 된다. 결과적으로 치료사는 치료의 방향을 결정하게 된다.

효과적인 상호작용에서는 아동이 치료사와 함께 놀기를 원하며 치료사는 속삭임 기법을 사용하여 아동의 놀이에 개입한다. 또한 치료사는 아동이 계속해서 치료적인 과정의 방향을 주도하도록 하는 기회를 제공한다.

❋ 초기 상호작용

발췌 1 놀이치료사는 아동의 놀이에 개입하나 속삭임 기법을 활용하지 않는다.

✳ 놀이치료 회기 시작 부분

  놀이치료실에 들어온 지 10분 후에 Kaleigh는 인형의 집과 가족 인형을 가지고 놀기 시작한다. Kaleigh는 치료사를 보고는 인형의 집에서 함께 놀기를 원한다.

Kaleigh: 저는 선생님이 저와 함께 가족 인형을 가지고 놀았으면 좋겠어요.	
치료사: 그래. (치료사는 인형의 집으로 가서 아동 옆에 앉는다.)	치료사는 치료사와 함께 인형 놀이를 하고 싶은 아동의 요구를 인정한다.
Kaleigh: 이건 엄마고 이건 아빠예요. 이건 언니고 이건 아기예요.	
치료사: 내가 아빠와 아기를 할게.	치료사는 아동에게 자신이 원하는 인형을 말함으로써 치료 과정을 주도하기 시작한다.
Kaleigh: (한숨을 쉬며) 그래요. 저는 언니와 엄마를 할게요.	
치료사: 너는 실망한 것처럼 들리는구나. 너는 다른 사람을 하고 싶니?	치료사는 아동의 실망을 인정하고 실망감을 반영한다.
Kaleigh: 아니요. 아니요. 괜찮아요.	이후의 상호작용에는 치료사는 '아빠 인형'을 가지고 있고, 아동은 '언니 인형'을 가지고 있다.
치료사: (치료사는 아빠 인형을 언니 인형 쪽으로 가게 한다.) 무슨 일이니?	
Kaleigh: 아무 일도 아니에요.	
치료사: 어, 그래? 정말로 괜찮아? 무슨 일이야?	치료사는 무슨 일이 생긴 것을 알아차리고 아동에게 묻는다. 아동은 다른 인형을 가지고 싶지만 치료사에게 인형을 바꾸자고 하지 못한다.
Kaleigh: 모르겠어요.	
치료사: 너는 뭐가 문제인지 모르는구나.	아동의 불확실함을 인정한다.
Kaleigh: 네.	
치료사: (아기 인형을 아동의 언니 인형 앞에 세운다.) 너는 날 좋아하니?	치료사는 인형(아동)에게 질문을 한다. 이러한 질문은 계속해서 치료사가 주도하며 치료의 방향 또한 치료사가 결정하는 것을 나타낸다.
Kaleigh: 그래. 난 널 좋아해.	

치료사: 너는 날 정말로 좋아하는구나.	치료사는 아동의 내용을 반영하고 인정하고 있다.
Kaleigh: 음. 가끔씩. 엄마는 널 항상 돌보지.	이전의 치료사의 반영으로 아동이 좀 더 자세히 설명하고 있다.
치료사: 그건 내가 어리기 때문이야.	치료사는 속삭임 기법을 쓰지 않고 왜 어머니가 어린 동생을 돌보아야 하는지를 설명하고 있다.
Kaleigh: 그래. 그럼 빨리 커! 난 네가 어린 것이 싫어.	
치료사: 나는 네가 나를 좋아했으면 좋겠어.	치료사의 반응은 치료의 방향과 치료 과정을 주도하고 있다. 아동은 자신의 근심, 감정, 경험들을 탐색할 기회를 갖지 못하고 있다. 대신에 아동은 치료사의 반응과 언급에 답변하고 있다.
Kaleigh: 싫어. 알겠니? 꺼져 버려.	
치료사: 너는 내가 없어지길 원하는구나.	치료사는 아동의 대화 내용을 인정하고 있다.
Kaleigh: 그래, 꺼져 버려! (화난 목소리로)	
치료사: 너는 나에게 정말로 화가 났구나.	치료사는 아동의 목소리 톤에서 나타난 분노 감정을 반영하고 있다.
Kaleigh: 그래, 그러니까 지금 당장 꺼져 버려!	
치료사: 너는 화가 많이 났구나.	

❋ 효과적인 상호작용

발췌 2 치료사는 아동의 놀이에 개입하고 치료 과정을 아동이 이끌게끔 하는 속삭임 기법을 활용한다.

Kaleigh: 저는 선생님이 저와 함께 가족 인형을 가지고 놀기를 원해요.	
치료사: 그래. (치료사는 인형의 집으로 가서 아동 옆에 앉는다.)	치료사는 아동의 요구를 언어적으로 인정하고 아동과 인형의 집 쪽으로 걸어간다.
Kaleigh: 이건 엄마고 이건 아빠예요. 이건 언니고 이건 아기예요.	
치료사: 너는 가족 모두를 소개하고 있구나.	치료사는 아동의 내용을 반영한다.

Kaleigh: 네. 누구를 할래요?	
치료사: (속삭이는 목소리로) 너는 내가 누굴 하기를 원하니?	치료사는 아동이 원하는 인형이 무엇인지를 이해하기 위하여 속삭임 기법을 활용한다.
Kaleigh: 저는 선생님이 엄마와 아기 역할을 했으면 좋겠어요. 그리고 저는 아빠와 언니 역할을 할 거예요. (치료사를 쳐다본다.)	
치료사: (속삭이는 목소리로) 너는 내가 어떻게 하길 원하니?	치료사는 아동이 이야기를 전개시키고 치료 과정의 방향을 이끌도록 하기 위하여 속삭임 기법을 활용하고 있다.
Kaleigh: 저는 선생님이 엄마 역할을 하고 언니 인형에게 얼마나 언니를 사랑하는지를 이야기해 주길 바라요.	
치료사: (치료사는 엄마 인형을 언니 인형에게 가게 하고는) 나는 내가 너를 얼마나 사랑하는지를 그리고 네가 얼마나 나에게 소중한지를 알길 바란단다.	치료사는 아동이 바로 전에 요구한 대로 반응하고 있다.
Kaleigh: 절 사랑한다면 왜 저랑 더 이상 시간을 보내지 않나요?	
치료사: (속삭이는 목소리로) 너는 내가 뭐라고 말하길 원하니?	치료사는 속삭임 기법으로 아동이 치료 과정을 어떻게 이끌어 가는지를 파악하려고 한다.
Kaleigh: 언니 인형에게 아기를 돌보는 것은 시간이 많이 걸리고 엄마 인형이 언니 인형을 아기 인형만큼 많이 사랑한다고 말하세요.	
치료사: (어머니 인형을 사용하여 반응한다.) 아기에게는 관심이 많이 필요하단다.	치료사는 아동의 요구대로 반응을 시작한다.
Kaleigh: (아동이 화난 목소리로 치료사의 반응에 끼어든다.) 난 상관 안 해요. 가끔씩 저는 아기가 미워요. 저는 예전처럼 돌아갔으면 좋겠어요.	
치료사: (어머니 인형을 사용하여 반응한다.) 너는 우리가 시간을 많이 보내지 않아서 화도 나고 슬프구나. 너는 예전처럼 엄마와 시간을 많이 갖길 원하고 내가 너에게 사랑과 관심을 많이 주길 원하는구나.	치료사는 아동의 주도를 따라가기 위하여 속삭임 기법을 쓰지 않아도 되었다. 치료사는 '어머니' 인형으로 아동의 감정과 내용을 반응하였다. 이러한 반응으로 아동이 여전히 놀이를 주도하며 아동의 감정과 근심을 반영한다.

Kaleigh: 네. 엄마는 왜 애기를 낳았죠? (화난 목소리로)	
치료사: 너는 가끔씩 아기가 관심과 시간을 많이 뺏어 가니 아기에게 화가 나는구나.	치료사는 '어머니' 인형을 사용하여 아동의 감정을 반응한다. 치료사는 아동의 감정과 근심을 계속해서 반응한다.
Kaleigh: 나는 아기가 죽었으면 좋겠어요.	
치료사: 너는 너무 화가 나서 아기가 죽기를 바라는구나.	치료사는 '어머니' 인형을 사용하여 아동의 대화 내용과 감정을 반응하고 있다. 치료사는 아동에게 "너는 정말로 아기가 죽기를 바라지 않는단다."와 같은 언급을 함으로써 아동의 대화를 판단하거나 가볍게 여기지 않는다. "너는 정말로 아기가 죽기를 바라지 않는단다."라는 반응은 아동에게 아동의 언급이 부적절하며 그렇게 말해서는 안 된다는 것을 나타낸다. 따라서 아동은 다른 감정이나 생각들을 치료사에게 마음껏 전달하지 못할 수 있다.
Kaleigh: 네. 하지만 진짜로 죽는 것 말고요. 난 엄마가 그리워요. 엄마, 날 여전히 사랑하나요?	
치료사: (속삭임 기법으로) 너는 내가 뭐라고 말하길 원하니?	초보 놀이치료사들은 사랑한다고 말함으로써 아동을 달래려고 할 수 있다. 하지만 놀이치료사는 속삭임 기법을 사용하여 아동이 표현한 감정과 근심들을 정확히 반응해야 한다.
Kaleigh: 엄마가 날 얼마나 사랑하는지, 내가 얼마나 소중한지 말해 주세요. 그리고 나와 많은 시간을 함께 보내고 싶다고 말해 주세요.	
치료사: 너는 내가 너와 많은 시간을 함께하길 원하는구나. 나는 너를 정말로 사랑한단다. 어느 누구도 너와 바꿀 수는 없단다. 너는 정말로 나에게 소중하단다.	치료사는 '어머니' 인형을 사용하여 어머니가 자신을 사랑하는지에 대한 아동의 근심을 반응하고 있다.
Kaleigh: (치료사를 보고 웃는다.)	
치료사: 너는 엄마가 언니에게 방금 이야기한 것을 좋아하는구나. 너는 네가 얼마나 소중한지, 그리고 얼마나 네가 사랑받는지를 알고 나니 기분이 좋구나.	치료사는 '어머니' 인형이 방금 한 말에 대해 아동이 웃음 짓는 것을 인정하고 있다.

Kaleigh: (아기 인형을 살살 들고는 슬픈 목소리로) 나는 아기가 살기를 바랐고, 아기가 죽자, 제 소망은 사라졌어요.	
치료사: 너는 네 동생이 죽은 것을 무척 슬퍼하는구나. 너는 아기가 다시 살기를 원하는구나.	치료사는 아동의 생각과 감정들을 인정한다.
Kaleigh: 저는 아기를 살릴 수 없고, 아기가 죽었으면 하는 나의 바람이 아기를 죽게 할 수 없다는 것을 알아요. 아빠가 그렇게 이야기해 줬어요. 제 생각에도 아빠가 맞는 것 같아요.	

사례 연구: 형제간 경쟁 심리

　　　　　다섯 살 난 Kendra와 일곱 살 난 Tamara의 어머니는 Kendra와 Tamara를 놀이치료에 의뢰하였다. 어머니는 Kendra와 Tamara가 예전에는 거의 싸우지 않았다고 보고하였다. 하지만 어머니와 아버지가 4개월 전에 별거에 들어간 이후로 아이들의 싸움이 심해졌다고 하였다. 어머니는 아이들이 서로 할퀴고 꼬집으며 종종 머리카락을 잡아당기고, 화장실 문을 꽝 닫고 다니며, 옷과 신발들을 던진다고 보고하였다. 어머니는 아이들이 학교에서 귀가한 이후부터 잠잘 시간까지 끊임없이 소리를 지르며, 상처를 주기 위해 별명을 부르고, 서로 때리는 등의 싸움을 한다고 보고하였다.

　어머니는 일곱 살인 Tamara는 다섯 살인 동생과 싸우지 말아야 한다고 말하였다. 어머니는 또한 다섯 살 난 Kendra를 언니가 못살게 굴고 때리기 때문에 Kendra가 자주 운다고 하였다. 어머니는 놀이치료사에게 타임아웃을 하거나 아이들이 좋아하는 것을 빼앗거나 Tamara가 바깥에 나가 노는 것을 못하게 해도 동생과의 싸움은 줄어들지 않았다고 보고하였다.

형제 집단놀이치료

집단 놀이치료를 할 때, 초보 놀이치료사에게 가장 어려운 문제들 중의 하나는 각 아동들에게 따로따로 언급하는 것이다.

다음의 예들이 이러한 어려운 점들을 나타내고 있다.

✳ 초기 상호작용

Tamara: (장난감 하나를 동생에게 준다.) 자, Kendra.

치료사: Kendra, 너는 그 장난감을 얻어서 기쁘구나.

✳ 효과적인 상호작용

Tamara: (장난감 하나를 동생에게 준다.) 자, Kendra.

치료사: Tamara, 너는 동생과 그 장난감을 같이 쓰기를 원하는구나. 그리고 Kendra, 너는 언니가 너에게 그 장난감을 쓰게 해 줘서 기쁘구나.

놀이치료 세 번째 회기에서 발췌

학습 목적: 놀이치료사는 각 아동 개개인의 근심들을 반응하는 법과 ACT 기법에 기초하여 제한을 설정하는 법을 배운다.

✳ 초기 상호작용

발췌 1   놀이치료사는 각 아동의 감정과 근심들을 반응하고, ACT 모델에 의한 제한을 설정하는 기회를 놓치고 있다. (대화가 놀이치료를 시작한 지 10분 정도 지난 후 이루어졌다.)

Kendra: (병원놀이 세트 놀잇감을 열고는 언니에게 물어본다.) 언니 귀를 체크해도 될까?	
Tamara: 그래.	
Kendra: (언니의 귀를 체크한다.)	
Tamara: 그만해, 네가 너무 눌러서 아프잖아!	
치료사: 너는 Kendra가 그만두길 원하는구나. (Kendra는 계속해서 언니의 귀를 본다.)	치료사는 Tamara의 대화 내용에 반응한다.
Tamara: 내가 그만하라고 말했잖아! (화가 나서 동생 손에 있던 장난감을 빼앗고는 바닥에 던진다.)	
치료사: 너는 동생 Kendra에게 화가 났구나.	치료사는 Tamara의 감정과 내용에 반응한다. 치료사는 또한 Kendra에게 "너는 언니가 그만하라고 했을 때 그만하고 싶지 않았구나." 라고 반응할 필요가 있다.
Kendra: (플라스틱 총으로 치료사를 쏘려고 한다.)	Kendra는 치료사에게 플라스틱 총을 쏘려고 하면서 치료사에 대한 분노를 표현하고 있다.

치료사: 너는 Tamara에게 화가 났고, 지금은 나에게도 화가 났구나.	치료사는 Tamara와 치료사에 대한 Kendra의 감정을 반영하고 있다. Landreth(2002)가 제안한 ACT에 기초한 제한 설정 모델을 복습하기. ACT 모델은 세 부분으로 이루어진 제한 설정 기법을 모두 활용할 때 가장 효과적이다.
Kendra: (플라스틱 다트를 총에 넣고 치료사에게 향한다.)	1. A-치료사는 아동의 감정들을 인정하고 수용함을 전달한다. 2. C-치료사는 침착하고 무비판적인 태도로 제한을 전달한다. 3. T-치료사는 수용할 수 있는 대안적인 행동을 제시한다.
치료사: Kendra, 나는 총을 쏘는 대상이 아니란다. Kendra: 나는 내가 원하면 선생님을 쏠 수 있어요.	치료사는 ACT 제한 설정 모델의 한 부분만을 언급한다. 치료사는 제한만을 언급하고 아동의 감정을 인정하거나 대안적인 행동을 제시하지 않는다.
치료사: Kendra야, 나는 총을 쏘는 대상이 아니란다. 너는 다른 것을 쏠 수 있단다. Kendra: 좋아요! 그러면 Tamara를 쏠 거예요.	치료사는 제한을 설정(C)하고 아동의 분노를 표현하기 위한 대안적인 행동(T)을 구체적으로 제시하고 있다. 하지만 치료사는 Kendra의 감정을 처음에 인정하지 않고 있다(A).
Tamara: Kendra! 넌 너무 어린 아기같이 행동해서 난 더 이상 참을 수 없어.	치료사는 Tamara가 Kendra에게 아기라고 부른 것에는 반응하지 않고 있다. Kendra는 치료사가 Tamara편을 든다고 생각할 수 있다.
치료사: Kendra야, 사람은 쏘는 대상이 아니란다. 너는 펀치 백을 쏠 수 있단다.	치료사는 제한을 설정(C)하고 아동의 분노를 표현하기 위한 대안적인 행동(T)을 구체적으로 제시하고 있다. 하지만 치료사는 Kendra의 감정을 처음에 인정하지 않고 있다(A). 아동의 감정을 처음에 인정하는 것은(A), 아동으로 하여금 치료사가 자신을 이해한다고 느끼고 ACT 제한 설정의 나머지 부분들을 잘 받아들이도록 돕는다.

Kendra: (화난 목소리로) 난 아기가 아니야. 플라스틱 다트 총을 Tamara에게 겨눈다.	Kendra는 Tamara 언니가 자신을 아기라고 부른 것에 대해 화가 나 있다.
치료사: Kendra야, Tamara는 쏘는 대상이 아니란다. 너는 펀치 백을 쏠 수 있단다.	치료사는 Kendra의 분노나 Tamara가 Kendra에게 아기라고 부른 것에 대해서는 언급하지 않고 있다.
Kendra: 나는 펀치 백을 쏘고 싶지 않아요. Tamara 언니를 쏠 거예요. 난 언니가 정말로 싫어요.	
치료사: Kendra야, 네가 화가 많이 났다고 할지라도 Tamara는 쏘는 대상이 아니란다.	치료사는 ACT 모델의 두 가지 부분만을 활용하고 있다. 치료사는 아동의 감정을 인정하고(A), 제한을 설정한다(C). 하지만 치료사는 대안적인 행동(T)은 제시하지 않고 있다.
Kendra: 난 상관 안 해요. 어쨌든 전 언니를 쏠 거예요. (플라스틱 총으로 Tamara를 쏜다.)	

❊ 효과적인 상호작용

발췌 2 놀이치료사는 각 아동의 감정과 근심들을 반응하고, ACT 모델에 의한 제한을 설정한다.

Kendra: (병원놀이 세트 놀잇감을 열고는 언니에게 물어본다.) 언니 귀를 체크해도 될까?	
Tamara: 그래.	
Kendra: (언니의 귀를 체크한다.)	
Tamara: 그만해, 네가 너무 눌러서 아프잖아!	
치료사: 너는 Kendra가 그만두길 원하는구나. (Kendra는 계속해서 언니의 귀를 본다.)	치료사는 Tamara의 걱정과 대화 내용을 반응한다.
Tamara: 내가 그만하라고 말했잖아! (화가 나서 동생 손에 있던 장난감을 빼앗고는 바닥에 던진다.)	
치료사: Tamara야, 너는 Kendra가 그만하질 않으니까 화가 나고, Kendra는 계속하고 싶구나.	치료사는 각 아동의 감정과 근심들을 인정하고 있다.
Tamara: Kendra! 난 네가 내 말을 듣지 않을 때가 너무 싫어. 정말로 싫어!	
치료사: Tamara야, 너는 네가 원하는 것을 Kendra가 하지 않을 때 화가 나는구나.	치료사는 Kendra가 언니 Tamara의 말을 듣지 않는 것에 대한 Tamara의 분노를 반영하고 있다.
Kendra: (청진기를 집는다.) 언니 심장 소리를 들어도 돼?	
Tamara: 싫어! 날 좀 가만히 놔둬! 너랑 놀고 싶지 않아.	
Kendra: 언니는 아기 같아, 큰 아기. 언니는 심장도 없지!	
치료사: Tamara야, 너는 지금 화가 났고 동생 Kendra와 놀고 싶지 않구나. Kendra야, 너는 언니 Tamara가 너와 놀아 주지 않으니 화가 났구나.	치료사는 Tamara와 Kendra의 화난 감정을 각각 따로 반영한다. 치료사는 아동 개개인을 이해한다는 것을 표현한다.
Tamara: 네. 언니에게 나랑 놀아야 한다고 말해 주세요.	

치료사: Kendra야, 너는 내가 언니에게 말해서 너와 놀게 했으면 하고 바라는구나. Tamara야, 너는 지금 동생 Kendra와 놀지 않기로 결정하였구나.	치료사는 아동 모두를 인정하는 것이 중요하다. 만약 한 아동만을 인정한다면 다른 아동은 거절감을 느끼게 된다. 치료사는 Kendra의 근심을 언급하고 Tamara가 Kendra와 놀고 싶지 않은 욕구를 또한 인정하고 있다.
Kendra: (가짜 뱀을 선반에서 집고는 치료사에게 다가가서 치료사에게 던지고는 크게 웃는다.)	
치료사: Kendra야, 너는 내가 Tamara에게 너와 놀도록 이야기하지 않아서 화가 났구나. 하지만 나는 그것을 던지는 대상이 아니란다. 너는 "전 선생님에게 화가 났어요."라고 말할 수 있단다.	치료사는 치료사가 Tamara에게 Kendra와 놀라고 하지 않는 것에 대한 Kendra의 분노를 인정하고 있다. 치료사는 다음에서 언급한 ACT 제한 설정 모델을 활용하고 있다.
Kendra: (플라스틱 칼을 집고는 치료사의 팔을 자르는 흉내를 내고는 웃는다.)	치료사는 Kendra의 분노를 표현할 대안적인 행동을 제시하지 않았다. 따라서 아동은 치료사에 대한 분노를 표현하기 위한 또 다른 행동을 보이고 있다.
치료사: Kendra야, 너는 나에게 무척 화가 났구나. 하지만 나는 자르는 대상이 아니란다. 너는 펀치 백을 나라고 생각하고 자르는 척 할 수 있단다.	치료사는 Landreth(2002)가 제안한 ACT에 기초한 제한 설정 모델을 활용하고 있다.

1. A-치료사는 아동의 감정들을 인정하고 수용함을 전달한다("너는 나에게 무척 화가 났구나.").
2. C-치료사는 침착하고 무비판적인 태도로 제한을 전달한다("나는 자르는 대상이 아니란다.").
3. T-치료사는 수용할 수 있는 대안을 제시한다("너는 펀치 백을 나라고 생각하고 자르는 척 할 수 있단다.").

치료사는 이전의 제한 설정에서 아동에게 "전 선생님에게 화가 났어요."라고 말할 수 있다고 대안적인 행동을 제시하였으나, 아동에게 효과가 없었기 때문에 이번에는 아동에게 아동의 분노를 신체적으로 이완시킬 수 있는 기회를 제공하는 대안적 행동을 제시하였다. |
| **Kendra**: (펀치 백으로 가서는 플라스틱 칼로 여러 번 자른다.) 아동들은 이후에도 계속해서 여러 번 싸움을 하였다. | |

✻ 초기 상호작용

발췌 1 놀이치료사는 각 아동의 감정과 근심들에 반응하고, ACT 모델에 의한 제한을 설정하는 기회를 놓치고 있다(대화가 놀이치료를 시작한 지 20분 정도 지난 후 이루어졌다.).

Tamara: (퍼핏 인형 극장 모서리에 팔꿈치를 부딪치고는 크게 울면서 소리를 지르기 시작한다.) 아이고 아파! 아우, 아파! (슬프고 화난 목소리로)	치료사는 Tamara의 고통과 분노를 반영하는 기회를 놓치고 있다.
Kendra: 빨리! 빨리! 119에 전화해. (장난감 전화기를 든다.) 119죠? 우리 언니 좀 도와주세요. 빨리요, 빨리 오세요. 언니가 많이 다쳤어요! (Tamara를 본다.) 언니, 구조대가 온대!	
Tamara: (계속해서 크게 운다.) 아직도 아프단 말이야!	치료사는 Tamara의 아픔에 반응할 기회를 놓치고 있다.
Kendra: (병원놀이 세트를 들고는 구급차 사이렌 소리를 낸다.). 구조대가 왔어. 제가 도울게요. 약을 드실래요?	
Tamara: 약은 싫어. 날 좀 가만히 놔둬. (좌절감을 느끼는 목소리로)	치료사는 Tamara의 감정들을 반영할 기회를 놓치고 있다.
Kendra: (Tamara의 입 근처에 약병을 놓는다.)	치료사는 Tamara를 도우려는 Kendra의 바람을 인정하지 않는다.
Tamara: 나에게 가까이 오지 마! (화난 목소리로)	치료사는 Tamara의 분노에 반응하지 않고 있다.
Kendra: (Kendra는 화가 나서 Tamara를 밀고 다른 쪽으로 가버린다.)	
치료사: 사람은 미는 대상이 아니란다. 너는 Tamara에게 "난 언니에게 화났어!" 라고 말할 수 있단다.	치료사는 Tamara에 대한 Kendra의 분노를 인정하지 않고 있다. 치료사는 ACT 제한 설정 모델의 (A) 부분을 활용하지 않고 (C)와 (T) 부분만을 언급하고 있다.

Kendra: 나는 언니에게 화났어!	치료사는 Kendra의 분노에 반응하지 않는다.
Tamara: (치료사를 보면서) Kendra가 내 고통을 없앨 순 없어요.	
치료사: 그래.	치료사는 Tamara의 고통에 반응할 기회를 놓치고 있다.
Tamara: 내 팔꿈치가 좀 괜찮아졌어요. 물을 조금 댈게요. (휴지에 물을 적셔서 팔꿈치에 댄다.)	
Kendra: 언니가 울지 않으니 정말 좋네요.	치료사는 Kendra의 대화 내용과 안도감에 반응하지 못하고 있다.
Tamara: (젖은 휴지를 휴지통에 넣고 여행 가방이 있는 곳으로 간다. Tamara는 옷들을 가방 속에 넣기 시작한다.) 나는 짐을 싸고 떠날 거야. 나는 다른 집으로 이사 가는 거야. 이 집은 더럽고 깨끗해질 수 없어. (화나고 혐오스러운 목소리로)	집단 놀이치료에서는 아동들 간의 언어적인 그리고 신체적인 상호작용이 빠르게 일어난다. 초보 놀이치료사들에게는 아동들의 감정, 생각, 내용 그리고 경험들을 인정하기 위한 반응들을 빠르게 언급하는 것이 어려울 수 있다.
Kendra: 나도 따라갈래. 언니는 나 없이 떠날 수 없어. (옷들을 여행 가방에 서둘러 넣기 시작한다.)	
Tamara: 그래. 이 집은 너무 오래되었고 더러워. 너무 더러워서 치울 수도 없어. 이제는 다른 곳으로 이사 갈 때야.	치료사는 아동들의 감정, 내용, 경험들을 인정하는 기회를 놓치고 있다.
Kendra: (Tamara를 보면서) 우리 어디로 가는데?	
Tamara: 다른 동네로. 거기는 우리가 살 멋진 새 집이 있어. 어서 차에 타. 가자. (차를 운전하는 소리를 낸다.)	
Kendra: 다 왔어?	
Tamara: 자, 여기 왔다! 여기 좀 봐봐. 멋진 새집을 봐봐. 난 우리가 그 더럽고 낡은 집을 떠나서 기뻐. (행복하고 안도감을 느끼는 목소리로)	
치료사: 너의 둘 다 모두 새집에 도착했구나.	치료사는 Tamara의 대화 내용을 인정하나 감정은 반영하지 않았다.
Kendra: 엄마 아빠가 이혼하는 것 알지! 우리는 여기저기를 많이 옮겨 다녀야 해.	

✣ 효과적인 상호작용

발췌 2 놀이치료사는 각 아동의 감정과 근심들에 반응하고, ACT 모델에 의한 제한을 설정한다.

Tamara: (퍼핏 인형 극장 모서리에 팔꿈치를 부딪치고는 크게 울면서 소리를 지르기 시작한다.) 아이고 아파! 아우, 아파! (슬프고 화난 목소리로)	
치료사: 너는 팔꿈치가 너무 아프고 다쳐서 화가 났구나.	치료사는 Tamara의 고통과 분노를 반영하고 있다.
Kendra: 빨리! 빨리! 119에 전화해. (장난감 전화기를 든다.) 119죠? 우리 언니를 좀 도와주세요. 빨리요, 빨리 오세요. 언니가 많이 다쳤어요! (Tamara를 본다.) 언니, 구조대가 온대!	
Tamara: (계속해서 크게 운다.) 아직도 아프단 말이야!	
치료사: 아픈 게 줄어들지 않는구나.	치료사는 Tamara의 감정과 내용에 반응하고 있다.
Kendra: (병원놀이 세트를 들고는 구급차 사이렌 소리를 낸다.) 구조대가 왔어. 제가 도울게요. 약을 드실래요?	
Tamara: 약은 싫어. 날 좀 가만히 놔둬. (좌절감을 느끼는 목소리로)	
치료사: Kendra야, 너는 Tamara를 돕고 싶고, Tamara는 Kendra의 도움을 지금은 원하지 않는구나.	치료사는 각 아동의 개인적인 경험과 근심들을 인정하고 있다.
Kendra: (Tamara의 입 근처에 약병을 놓는다.)	
Tamara: 나에게 가까이 오지 마! (화난 목소리로)	
Kendra: (Kendra는 화가 나서 Tamara를 밀고는 다른 쪽으로 가버린다.)	

치료사: Kendra야, 너는 언니가 도움을 원하지 않아서 언니에게 화가 났구나. 하지만 사람은 미는 대상이 아니란다. 너는 Tamara 언니에게 "난 언니에게 화났어!"라고 말할 수 있단다.	치료사는 ACT 제한 설정 모델을 활용하고 있다.
Kendra: 나는 언니에게 화났어!	Kendra는 대안적인 행동을 하기로 결정하였고 Tamara에게 자신이 화가 났다는 것을 이야기한다.
Tamara: (치료사를 보면서) Kendra가 내 고통을 없앨 순 없어요.	Tamara는 치료사를 보면서 치료사의 이해를 구하고 있다.
치료사: 아직도 심하게 아프구나.	치료사는 Tamara가 경험하는 고통을 반응하고 있다.
Tamara: 내 팔꿈치가 좀 괜찮아졌어요. 물을 조금 댈게요. (휴지에 물을 적셔서 팔꿈치에 댄다.)	
치료사: 너는 스스로 아프지 않게 하는 방법을 알아내었구나.	치료사는 Tamara가 스스로 돕는 방법을 알아낸 것을 인정하고 있다. (자아 책임감을 나타내는 반응)
Tamara: (젖은 휴지를 휴지통에 넣고 여행 가방이 있는 곳으로 간다. Tamara는 옷들을 가방 속에 넣기 시작한다.) 나는 짐을 싸고 떠날 거야. 나는 다른 집으로 이사 가는 거야. 이 집은 더럽고 깨끗해질 수 없어. (화나고 혐오스러운 목소리로)	
치료사: 너는 화가 났고 다른 집에서 살고 싶구나…. 더러운 집이 아닌 곳에서.	치료사는 Tamara의 분노와 깨끗한 집에서 살고 싶은 바람을 인정하고 있다.
Kendra: 나도 따라갈래. 언니는 나 없이 떠날 수 없어. (옷들을 여행 가방에 서둘러 넣기 시작한다.)	
Tamara: 그래. 너도 가자.	
치료사: Kendra야, 너는 언니와 함께 있는 것이 중요하구나. Tamara야, 너는 동생 Kendra가 따라와도 좋다고 하였구나.	치료사는 Kendra와 Tamara에게 짐을 싸서 다른 집으로 이사 가는 계획과 아동 개개인의 반응들에 반응하고 있다.
Tamara: 네. 이 집은 낡았고, 곧 무너질 거야. 이 집은 너무 더러워서 깨끗해질 수가 없어. 새로운 곳으로 이사를 가야 할 때야.	
치료사: 너는 이사 가고 싶어 하는구나. 이 집은 너무 낡아서 무너질 거구나.	치료사는 Tamara의 대화 내용을 인정하고 있다.

Kendra: (Tamara를 보면서) 우리 어디로 가는데?	
Tamara: 다른 동네로. 거기는 우리가 살 멋진 새 집이 있어. 어서 차에 타. 가자. (차를 운전하는 소리를 낸다.)	
Kendra: 다 왔어?	
Tamara: 자, 여기 왔다! 여기 좀 봐봐. 멋진 새집을 봐봐. 난 우리가 그 더럽고 낡은 집을 떠나서 기뻐. (행복하고 안도감을 느끼는 목소리로)	
치료사: 너는 새로운 집에 오니 무척 행복하구나.	치료사는 Tamara의 안도감과 행복함에 반응하고 있다.
Tamara: 네. 전 정말로 기뻐요!	
Kendra: 엄마 아빠가 이혼하는 것 알지! 우리는 여기저기를 많이 옮겨 다녀야 해.	

제16장

사례 연구: 분노와 공격심

다섯 살 난 남자 아이인 Jason의 어머니는 가정 폭력 때문에 Jason을 놀이치료에 의뢰하였다. Jason의 어머니는 Jason이 가정 폭력을 목격하였다고 보고하였다. 또한 어머니는 Jason이 말을 듣지 않으며, 자신이 원하는 것을 얻지 못하면 소리를 지르고 울며 때를 쓰고는 나중에는 자신의 행동을 후회한다고 보고하였다. 가정 폭력이 일어났지만, Jason의 부모는 상담을 받았으며 지금도 같이 살고 있다.

놀이치료에서 Jason은 천천히 놀이치료실에 들어왔고 치료사의 모든 제한들에 분노를 표현하였다. Jason은 또한 치료사에게도 화를 내거나 공격적이었다. 다음의 대화 내용은 Jason과의 놀이치료 회기에서 발췌한 내용이다.

놀이치료 첫 번째 회기에서 발췌

학습 목적: 놀이치료사는 아동의 감정들을 반영하고 다양한 놀이치료 반응들을 통합하여 반응한다.

첫 번째 회기에서 발췌한 대화에서 치료사는 아동의 감정들을 인정하지 않으며 적절한 제한 설정 기법들을 활용하지 않는다. 효과적인 상호작용에서 놀이치료사는 아동의 감정들을 반영하고 ACT 제한 설정 모델을 활용한다.

❋ 초기 상호작용

발췌 1 놀이치료사는 아동의 감정들을 반영하지 않고 ACT 제한 설정 모델을 활용하지 않고 있다.

Jason: (팔짱을 끼고 머리를 숙이고는) 놀이치료실에 가기 싫어요.	
치료사: 놀이치료실에 갈 시간이란다.	치료사는 아동의 감정과 행동에 반응하기보다는 지시를 한다.
치료사: 지금은 놀이치료실에 갈 시간이고 우리는 지금 갈 거란다.	치료사는 아동의 감정들에 반응하지 않으며 자신의 좌절스러운 감정을 나타내고 있다.
Jason: (팔짱을 여전히 끼고 머리를 계속해서 숙이며) 내가 가기 싫으면 가지 않아도 돼요.	아동은 치료실에 가지 않으려는 자신의 결정을 완고하게 전달하고 있다.
치료사: (아동의 손을 잡고 이야기한다.) 지금 가야 할 시간이다. 날 따라오렴. 내가 놀이치료실이 어디에 있는지 보여 줄게. (아동과 치료사는 치료실에 들어왔고, 아동은 놀잇감들을 탐색하기 시작한다.)	놀이치료사는 아동의 감정들에 또다시 반응하지 않고 놀이치료와 아동의 행동에 주도권을 잡는다.
Jason: 내가 놀고 싶은 것은 아무것도 없어요.	아동은 여전히 분노와 공격심을 표현하고 있다.
치료사: 네가 좋아하는 것을 볼 수 없구나.	치료사는 아동의 대화 내용만을 반영하며 아동의 감정들을 인정하지 않고 있다.
Jason: (총을 보고는 신나는 표정을 지으며) 뭘 할지 알았어요. 이 총을 쏠 거예요.	아동은 마침내 놀잇감을 가지고 놀기 시작한다.

치료사: 너는 총을 쏠 수 있지만 나를 쏘면 안 된다.	치료사는 제한이 필요하지도 않는 상황에서 제한을 설정한다. 이것은 치료사가 아동이 타인에 대한 공격심을 표현하는 것에 대한 아동의 선택 능력을 신뢰하지 못한다는 메시지를 전달한다.
Jason: (총을 치료사에게 겨눈다.) 난 내가 원하면 총을 쏠 수 있어요.	치료사의 반응은 또다시 아동의 분노를 일으키고 치료사가 말한 것과는 정반대로 행동하는 것을 통해 치료 회기를 통제하려는 아동의 욕구를 자극하고 있다.
치료사: 네가 나를 쏘기로 선택하면 너는 오늘 총을 가지고 놀지 않기로 선택하는 것이다.	치료사는 극단적인 제한을 너무 서둘러서 설정한다. 이러한 반응은 치료사가 아동을 신뢰하지 않는다는 메시지를 전달한다. 치료사는 또한 아동의 감정들을 인정하지 않고 있다.
Jason: (화난 목소리로) 난 총을 쏠 수 있어요! (그리고는 다트 총을 치료사에게 쏜다.)	아동의 분노가 급격히 상승한다.
치료사: 총은 날 쏘는 것이 아니라고 말했잖니. 네가 나를 쏘기로 선택했기 때문에 너는 오늘 더 이상 이 총을 가지고 놀지 않기로 결정한 것이다.	치료사는 아동의 감정을 인정하지 못하고 있으며 아동의 행동을 통제함으로써 놀이치료 회기를 통제하고 있다. 치료사는 아동의 총을 뺏음으로써 아동이 제한을 따르지 못하며 아동 자신의 분노/공격심을 안전한 방법으로 표현하지 못한다는 치료사의 불신을 다시 한 번 나타내고 있다.
Jason: (소리를 지른다.) 하지만 난 그 총을 갖고 놀고 싶어요.	아동의 분노는 계속해서 증가한다.
치료사: (치료사는 총을 높은 선반에 올리기 위해 아동에게 간다.) 이 총은 오늘 나머지 시간 동안 여기에 놓아야 한다.	치료사는 여전히 아동의 감정들을 인정하지 않고 있다.
Jason: (주먹을 쥐고는 치료사에게 향한다.) 난 거기에 놓는 게 싫어요!	아동은 자신의 분노와 공격심을 행동으로 나타내고 있다.
치료사: (총을 아동에게서 빼앗고는 선반 위에 놓는다.) 이 총을 오늘은 쓸 수 없단다.	치료사는 치료 회기를 통제하고 있다.
Jason: (매우 큰 목소리로) 난 선생님이 싫어요. 여기도 싫어요. 집에 가고 싶어요.	아동은 놀이치료실에서 일어난 일로 자신의 분노와 좌절감을 표현하고 있다.

치료사: 지금은 놀이치료실을 나갈 시간이 아니란다.	치료사는 여전히 아동의 감정을 반영하지 못하고 있다. 이것은 아동의 감정들이 치료사에게는 중요하지 않다는 것을 전달하고 있다. 또한 치료사의 반응들은 아동이 치료사가 원하는 것을 하는 것이 아동 자신의 감정과 생각들을 안전한 치료 환경에서 마음껏 표현하는 것보다 더 중요하다는 메시지를 전달한다.

❊ 효과적인 상호작용

발췌 2 놀이치료사가 아동의 감정들을 반영하고 ACT 모델을 사용한다.

Jason: (팔짱을 끼고 머리를 숙이고는) 놀이치료실에 가기 싫어요.	
치료사: (아동의 눈높이를 맞추기 위해 숙인다.) 놀이치료실에 가야 될지 말아야 될지 망설이는구나. 하지만 지금은 치료실에 가야 하는 시간이란다.	치료사는 아동과 치료적인 관계를 형성하기 위하여 아동의 눈높이 수준을 맞춘다. 그런 후에 치료사는 아동의 감정들을 반응하고 있다. 아동의 감정을 반영하는 것은 아동으로 하여금 자신의 감정들이 중요하다는 것을 알도록 한다. 치료사는 또한 아동에게 치료실에 가야 하는 시간이라는 것을 알려 주고 있다.
Jason: 싫어요. 난 안 갈래요. 아동이 계속해서 자신의 감정들을 표현하고 있다.	
치료사: 너는 정말로 가고 싶지 않구나. 하지만 지금은 치료실에 가는 시간이란다. 너는 치료실에 혼자서 가거나 내 손을 잡고 가는 것 중에서 선택할 수 있단다.	치료사는 ACT 제한 설정 모델을 사용하여 아동의 감정들을 인정하고 아동에게 선택권을 주고 있다. 이러한 치료사의 반응은 아동이 자신의 감정들을 표현하도록 허용하며, 아동 자신의 감정들에 어떻게 대처하는지와 치료사가 제시한 선택들을 어떻게 결정하는지를 돕는다.
Jason: 난 혼자 걸어갈 거예요! (치료실로 달려 들어간다.)	비록 아동이 약간의 분노를 표현한다 할지라도 아동은 주어진 제한들 내에서 선택권을 행사하고 있으며 이것은 아동과 치료사 간에 파워 싸움(power struggle)을 하지 않도록 돕는다.

치료사: (아동을 따라 치료실로 향한다.) 너는 너 혼자 치료실로 가는 것을 결정하였구나. (아동과 치료사는 치료실로 들어왔고, 아동은 놀잇감들을 탐색하기 시작한다.)	이러한 치료사의 반응으로 아동은 치료사가 아동 자신에게 관심을 가진다는 것을 알게 된다.
Jason: 여기는 내가 놀고 싶은 것이 아무것도 없어요.	
치료사: 너는 가지고 놀고 싶은 것이 없어서 실망했구나.	아동의 감정을 반영하는 것은 아동 중심의 놀이치료에서 중요하다. 치료사의 반응은 아동의 감정들을 반영하며 아동이 자신을 안전하게 표현할 수 있도록 하는 치료 환경을 촉진시킨다.
Jason: (총을 보고는 신나는 표정을 하며) 뭘 할지 알았어요. 이 총을 쓸 거예요!	아동은 치료실에서 자신을 위한 결정권을 행사하기 시작한다.
치료사: 너는 네가 좋아하는 것을 찾았고 어떻게 사용하는지도 아는구나.	치료사는 계속해서 아동의 감정들을 인정하고 있다. 또한 치료사는 아동이 총을 부적절하게 사용할 거라는 성급한 결론을 짓지 않고, 아동이 그 총을 어떻게 사용하는지를 안다는 것을 인정하고 있다.
Jason: (총을 치료사에게 겨눈다.) 난 총을 쏠 수 있어요.	아동은 치료실에서 제한들을 시험하기 시작한다.
치료사: Jason, 나는 네가 날 쏘고 싶은 것을 알고 있단다. 하지만 나는 총을 쏘는 대상이 아니란다. 너는 벽이나 문에 쏘기를 선택할 수 있단다.	치료사는 ACT 모델을 사용하면서 침착하게 제한을 설정한다.
Jason: (화난 목소리로) 난 총을 쏠 수 있어요!	아동은 계속해서 제한을 도전적으로 시험하고 분노를 표현하고 있다.
치료사: 나는 네가 화난 것을 안단다. 하지만 나는 총을 쏘는 대상이 아니란다. 너는 벽이나 문에 쏘기를 선택할 수 있단다.	치료사는 ACT 제한 설정 모델을 사용한다. 치료사는 침착한 목소리로 제한을 설정하며 아동이 스스로 선택할 수 있다는 아동의 능력을 신뢰하고 있다. 또한 치료사는 아동에게 아동의 분노를 수용한다는 것과 분노를 표현하는 것은 잘못된 것이 아니라는 것을 알려 준다.
Jason: (총을 모래 상자에 겨냥하고 쏘면서) 난 여길 쏠 거예요.	비록 아동이 치료사를 시험하려는 것 같지만, 아동은 통제감을 느끼고 놀이치료실에서의 제한들을 따르는 결정을 할 수 있다. 더욱이 아동의 분노는 감소되었다.

치료사: 너는 총을 쏠 수 있는 곳을 발견하였고, 그 곳에 총을 쐈구나.	치료사는 총을 쏠 수 있는 안전한 장소를 찾을 수 있는 능력을 인정하고 있다.
Jason: (모래 상자에서 자신이 쏜 다트를 찾고 있다.) 네, 제가 쐈어요. 전 또 쏠 수 있어요.	아동의 분노는 줄어들고, 아동의 감정은 분노에서 흥분감으로 바뀌었다. 아동은 치료사와의 치료적인 관계를 형성한 듯하며 치료실에 있는 것을 좀 더 편안하게 느낀다.
치료사: 너는 총 쏘는 것을 좋아하고 더 쏘기로 결정하였구나.	이러한 치료사의 반응은 아동의 감정들을 계속해서 반영하며 아동의 의사결정 능력을 발달시킨다.
Jason: (총을 버리고는 다른 놀잇감들을 탐색하기 시작한다.) 여기에 아마 제가 가지고 놀 다른 것이 있을 것 같아요.	아동은 이제 놀이치료실을 좀 더 탐색할 정도로 안전감을 느끼고 있다.
치료사: 너는 치료실에 있는 다른 장난감들을 가지고 놀기로 결정하였구나.	이러한 치료사의 내용 반영은 아동으로 하여금 치료사가 아동과 완전히 함께 있으며 아동에게 초점을 두고 있다는 것을 알려 준다.

놀이치료 두 번째 회기에서 발췌

학습 목적: 놀이치료사는 앵무새같이 아동이 한 말을 그대로 반응하는 것을 피한다.

두 번째 회기에서 발췌한 대화에서는 치료적인 반응들이 아동의 반응을 그대로 흉내내서는 안 된다는 중요성을 나타내고 있다. 첫 번째 발췌한 부분에서 치료사는 아동의 행동과 대화를 그대로 모방하여 아동이 전달하는 더 깊은 메시지들에 반응하지 못하고 있다. 두 번째 발췌한 부분에서 치료사는 아동에게 더 깊은 수준으로 반응하고 있다.

❊ 초기 상호작용

발췌 1 놀이치료사는 아동의 행동과 대화를 앵무새같이 그대로 모방하고 있다.

❊ 놀이치료 회기 시작부분

이 대화는 놀이치료를 시작한 지 15분 후에 일어났다. 아동은 치료실에 스스로 들어왔으나 분노를 계속해서 표현하고 있다. 아동은 점점 더 놀이에 몰두하는 듯하다.

Jason: (동물 인형들을 가지고 모래 상자 안에서 놀이 장면을 만들고 있다.) 이것은 착한 동물이고 이것은 나쁜 동물이에요.	
치료사: 저것은 착한 동물이고 저것은 나쁜 동물이구나.	이러한 반응은 내용을 반영한다. 하지만 치료사의 반응은 아동이 한 말을 그대로 나타내고 있다. 여기서 치료사는 아동이 표현하는 의미보다는 '적절한 기법' 들을 활용하는 것에 더 초점을 둔 듯하다.
Jason: (치료사에게 등을 지고 놀이 장면을 계속해서 만들고 있고 몇몇 다른 놀잇감들을 모래 상자에서 서로 마주 보게 하고 있다.)	

치료사: 너는 그것들을 네가 원하는 방법으로 세워 놓는구나.	치료사는 아동의 행동들을 인정하고 있다.
Jason: (나쁜 동물은 착한 동물 쪽으로 오면서 크고 화난 목소리를 낸다.) 너희들은 나빠! 너희는 내가 시키는 대로 해야 해.	아동은 모래상자 놀이를 통하여 자신의 감정들을 표출하기 시작한다.
치료사: 저것은 이것이 나쁘다고 하고 이것은 저것이 시키는 대로 해야 하는구나.	치료사는 아동의 언급에 내용 반영을 활용하여 반응하고 있다. 하지만 반응은 약간 자연스럽지 않고 아동이 표현하는 감정들은 무시하고 있다.
Jason: (나쁜 동물이 이제는 착한 동물 위로 올라서고 있다.) 난 널 잡고 말 거야! 너는 내가 시키는 대로 하는 게 좋을 거야.	아동은 놀이에 몰두하고 있다. 아동의 언어적인 반응이 줄어들었다고 하여 아동이 치료적인 관계를 느끼지 않는다고 볼 수 없다. 아동이 놀이에 몰두할 때는 대체로 치료사의 대화에 반응하지 않기 때문이다.
치료사: 너는 그게 그것 위로 올라가게 하고는 그것을 잡으려고 하는구나.	치료사는 계속해서 아동의 행동만을 반영하고 있다. (트래킹) 비록 이러한 반응이 맞는 반응일지라도 치료사는 아동이 표현하는 감정을 반영함으로써 놀이치료 회기를 더욱 깊은 수준으로 이끌어 갈 수 있다.
Jason: (치료사를 보면서). 이것은 자기가 해야 할 일을 못할 때 정말로 화를 크게 내요.	이러한 언급이 아동 자신이 치료사와의 관계를 맺는 방법을 나타내고 있다.
치료사: 그것은 자기가 해야 하는 일을 못할 때 정말로 화를 내는구나.	치료사의 반응은 자연스럽지 못하며 아동이 표현하는 것에 대한 이해를 깊이 있게 나타내지 못한다.
Jason: (눈가가 슬퍼 보이고 부드러운 목소리로) 네. 이건 화가 나면 막 부셔요. (놀잇감들을 보고는 싸움을 시작한다.)	
치료사: 그건 화가 나면 때리고, 지금은 그것들이 싸우는구나.	치료사의 반응은 자연스럽지 않고 아동이 표현하는 것을 깊이 있게 이해하지 못함을 나타낸다.
Jason: (착한 동물과 나쁜 동물이 싸우자, 나쁜 동물은 말한다.) 이걸 가져! (착한 동물이 말한다.) 싫어, 네가 가져!	
치료사: 그것들은 서로 싸우는구나.	아동의 행동을 인정한다. (트래킹)

Jason: (착한 동물을 밑으로 던지고 나쁜 동물은 위로 높이 들고는 흥분한 목소리로 말한다.) 내가 이겼다!	
치료사: 나쁜 동물이 착한 동물을 이겼구나.	내용 반영. 이러한 반응은 아동의 감정을 인정하지 않는다.

✻ 효과적인 상호작용

발췌 2 놀이치료사는 깊이 있는 놀이치료 회기를 위하여 다양한 치료적인 반응들을 활용한다.

Jason: (동물 인형들을 가지고 모래 상자 안에서 놀이 장면을 만들고 있다.) 이것은 착한 동물이고 이것은 나쁜 동물이에요.	
치료사: 너는 하나는 착하고 또 하나는 나쁘다고 결정하였구나.	이러한 반응은 아동의 의사결정 능력에 초점 맞추고 있다. 또한 아동의 언급을 그대로 모방하여 내용 반영을 하는 것보다 더 깊이 있는 반응이다.
Jason: (치료사에게 등을 지고 놀이 장면을 계속해서 만들고 있고 몇몇 다른 놀잇감들을 모래 상자에서 서로 마주 보게 하고 있다.)	
치료사: 너는 그것들을 네가 원하는 방법으로 세워 놓는구나.	치료사는 아동의 행동들을 인정하고 있다. (트래킹)
Jason: (나쁜 동물은 착한 동물 쪽으로 오면서 크고 화난 목소리를 낸다.) 너희들은 나빠! 너희는 내가 시키는 대로 해야 해.	아동은 모래 상자 놀이를 통하여 자신의 감정들을 표출하기 시작한다.
치료사: 저것은 화가 난 듯하고 자기가 원하는 것을 얻길 원하는구나.	이러한 반응은 아동이 표현하는 것 내면에 있는 감정들에 초점을 두고 있다. 감정들에 초점을 둠으로써 치료사는 아동이 자신의 감정들을 확인하고 표현할 수 있도록 돕는다.
Jason: (나쁜 동물이 이제는 착한 동물 위로 올라서고 있다.) 난 널 잡고 말 거야! 너는 내가 시키는 대로 하는 게 좋을 거야.	

치료사: 나쁜 것은 착한 것이 자기가 시키는 대로 하기를 정말로 바라는구나.	이러한 반응은 다시 한 번 아동의 놀이의 의미에 초점을 두고 있다. 또한 이러한 반응은 아동이 자신이 표현한 감정들을 훈습하기 시작하도록 돕는다.
Jason: (치료사를 보면서) 이것은 자기가 해야 할 일을 못할 때 정말로 화를 크게 내요.	
치료사: 너는 그게 화가 날 때 무슨 일이 일어나는지 아는구나.	이러한 반응은 놀이에 대한 아동의 해석과 무엇이 일어나는 것에 초점을 둔다.
Jason: (눈가가 슬퍼 보이고 부드러운 목소리로) 네. 이건 화가 나면 막 부셔요. (놀잇감들을 보고는 싸움을 시작한다.)	
치료사: 너는 그게 화가 나서 싸움을 할 때 슬프구나.	이러한 반응은 놀이 행동보다는 놀이에 대한 아동의 감정에 초점을 두고 있다. 감정에 초점을 두는 것은 놀이치료 회기를 더욱 깊은 단계로 이끌 수 있다.
Jason: (착한 동물과 나쁜 동물이 싸우자, 나쁜 동물은 말한다.) 이걸 가져! (착한 동물이 말한다.) 싫어, 네가 가져!	
치료사: 그것들은 서로에게 정말로 화가 났구나.	감정 반영
Jason: (착한 동물을 밑으로 던지고 나쁜 동물은 위로 높이 들고는 흥분한 목소리로 말한다.) 내가 이겼다!	
치료사: 너는 네가 이겨서 무척 기분이 좋구나.	감정 반영

제 17 장

사례 연구: 이혼

여섯 살 난 Sally는 Sally의 어머니, 아버지 그리고 양어머니에 의하여 놀이치료에 의뢰되었다. Sally의 부모는 Sally가 두 살 때 이혼하였다. Sally의 아버지는 재혼을 하였고, 그 두 번째 부인은 임신을 하였다. Sally의 어머니, 아버지 그리고 양어머니 모두는 Sally의 놀이치료 과정에 개입하기를 원하였다. Sally의 어머니는 Sally가 놀이치료를 받는 과정 중에 다른 남자와 약혼을 하였다. Sally의 양어머니는 Sally가 새로 태어날 아기 동생과 양어머니와의 새로운 가정에 잘 적응하기를 바랐다. Sally의 아버지는 Sally가 부모의 이혼사실과 이혼한 부모를 어떻게 대할지를 걱정하였다고 보고하였다.

놀이치료 과정에서 Sally는 매우 조용하였고 미술과 공예 활동에 관심을 가졌다. Sally의 놀이는 지나치게 깨끗하였고 매우 통제적이었다. Sally는 치료 과정에서 치료사와 거의 이야기를 하지 않았으나 치료실로 가거나 치료실에서 나왔을 때는 매우 수다스러웠다. Sally는 Sally의 나이보다 훨씬 어른스러운 행동들을 보이는 것 같았다. 놀이치료 과정을 통하여 Sally는 좀 더 적극적이고 지저분하게 어지럽힌 놀이 행동들을 보이기 시작하였다.

놀이치료 첫 번째 회기에서 발췌

학습 목적: 놀이치료사는 아동이 대화를 하지 않음에도 불구하고 아동에게 반응하는 법을 배운다.

처음에 발췌한 상호작용에서 치료사는 Sally에게 억지로 말을 많이 하도록 하고 있다. 초보 놀이치료사들은 대체로 치료 과정에서 말을 하지 않는 아동들과 상담하는 것을 어려워한다. 아동은 아동이 원하는 대로 놀이치료 시간을 마음껏 활용할 수 있다. 효과적인 상호작용에서 치료사는 치료사가 원하는 대로 상호작용하기 위하여 아동에게 억지로 말을 하게 하지 않고 Sally의 행동들에 반응하고 있다.

❋ 초기 상호작용

발췌 1 놀이치료사는 아동의 주도를 따르지 않고 아동이 말을 하게끔 하려고 노력하고 있다.

Sally: (놀이치료실에 들어와서는 치료실을 둘러본다. 미술과 공예 재료들이 있는 책상으로 간다.)	
치료사: 너는 종이와 크레용을 찾았구나. 너는 그림 그리기를 좋아하니?	치료사의 반응 중의 첫 번째 부분은 트래킹을 한 반응이다. 두 번째 부분은 불필요한 질문이고 질문은 이후의 놀이치료 회기에서도 필요하지 않다.
Sally: 네. (치료사를 쳐다보지도 않고 그림을 그리기 시작한다. 그림을 그리면서 손으로 그림을 안 보이게 가리고 있다.)	
치료사: 보아 하니 너는 중요한 것을 그리는 것 같구나. 나는 그게 뭔지 궁금하구나.	첫 번째 부분의 반응은 아동의 행동을 인정하는 반응(트래킹)이다. 하지만 치료사는 그림이 Sally가 의도한 것보다 더 중요하다는 것을 가정하고 있다. 두 번째 반응은 Sally가 그 그림이 무엇인지를 치료사에게 이야기해야 한다는 것을 암시하고 있다. 이러한 반응으로 치료사는 치료 과정의 주도권을 아동에게서 빼앗게 된다.

Sally: (치료사에게 대답하지 않고, 그림을 그릴 수 있는 이젤로 간다.)	
치료사: 너는 지금 그림을 그리기로 결정하였구나. 너는 정말로 뭔가를 만드는 것을 좋아하는구나.	놀이치료사는 아동의 의사결정 능력을 촉진하고 있다.
Sally: (모든 색깔들을 사용하여 조심스럽게 무지개를 그리기 시작한다. 다양한 물감 색들이 번지지 않도록 조심하고 무지개 밑에는 꽃 한 송이를 그리고 한쪽 모서리에는 해를 그린다.)	
치료사: 너는 여러 가지 물감들로 무지개를 그리는구나. 넌 집이나 학교에서도 무지개를 그리니?	첫 번째 부분의 반응은 Sally의 행동에 초점을 두고 있다. 치료사는 아동에게 다른 질문을 함으로써 아동에게 개입하려고 노력한다. 이러한 치료사의 반응은 아동에게 조용히 해서는 안 된다는 메시지를 전달하게 된다.
Sally: 가끔요. (그림을 다 그리고 미술과 공예 책상으로 가서는 처음에 그리다만 그림을 완성하려 한다.)	
치료사: 너는 학교와 집에서 무지개를 그리길 좋아하는구나. 너는 다른 그림을 거의 완성한 것 같구나.	
Sally: 네. 전 이 그림을 집에 가지고 가고 싶어요.	
치료사: 너는 그 그림을 가지고 가서 엄마, 아빠에게 보여 주고 싶어 하는구나.	첫 번째 반응은 내용 반영이다. 두 번째 반응은 치료사가 그림을 가지고 가고 싶어 하는 아동의 의도를 가정한다. 이러한 치료사의 반응은 아동이 그림을 가지고 가서 해야 하는 적절한 또는 옳은 행동이 있다는 것을 나타낸다.
Sally: (그림을 크레용으로 색칠할 때, 크레용을 하나씩 쓰고는 바로 바로 크레용 케이스에 넣어서 책상에는 아무것도 남기지 않는다.)	
치료사: 너는 모든 것을 제자리에 놓는구나. 너는 집이나 학교에서도 모든 것을 깨끗하게 정돈함에 틀림없구나.	치료사는 아동의 행동을 치료실 밖의 환경에까지 일반화시키고 있다. 이러한 치료사의 반응은 아동이 좀 더 말을 하도록 격려하는 시도일 수 있다. 놀이치료에서는 치료 환경 바깥에서 일어나는 것이 아닌 치료상에 나타난 아동과 아동의 행동들에 중점을 두는 것이 중요하다.

Sally: 가끔요. (책상에 앉아서 뒤를 돌아보고는 다른 놀잇감들을 보기 시작한다.)	
치료사: 너는 뭔가 다른 것을 하고 싶어 하는 것 같구나. 네가 원한다면 놀잇감들을 가지고 놀 수 있단다.	치료사는 아동에게 다른 놀이를 격려하는 듯하다. 치료사는 아동이 놀이치료 시간을 어떻게 사용할지를 결정하기에 필요한 시간을 아동에게 허용해야 한다.

❋ 효과적인 상호작용

발췌 2   놀이치료사가 아동의 주도에 따르고 아동이 말을 하게끔 강요하지 않는다.

이러한 상호작용은 치료사가 어떻게 아동의 주도를 따르며 아동이 말을 하지 않는 경우에도 어떻게 상호작용하는지를 나타낸다.

Sally: (놀이치료실에 들어와서는 치료실을 둘러본다. 미술과 공예 재료들이 있는 책상으로 간다.)	
치료사: 너는 네가 원하는 것을 찾은 것 같구나.	이러한 반응은 아동에게 아동이 찾은 재료들을 특정한 형식으로 활용해야 한다는 것을 나타내지 않고 현재 아동이 취한 상황에 초점을 두고 있다.
Sally: 네. (치료사를 쳐다보지도 않고 그림을 그리기 시작한다. 그림을 그리면서 손으로 그림을 안 보이게 가리고 있다.)	
치료사: 너는 열심히 그림을 그리는구나.	이러한 반응은 그림 자체가 아니라 아동의 노력과 활동에 초점을 둔다.
Sally: (치료사에게 대답하지 않고, 그림을 그릴 수 있는 이젤로 간다.)	
치료사: 너는 뭔가 다른 것을 하려 하고, 네가 원하는 것을 찾았구나.	이러한 반응은 아동이 선택을 할 수 있다는 아동의 능력과 자신이 원하는 대로 놀이치료 회기를 활용할 수 있다는 것에 초점을 두고 있다. 또한 아동으로 하여금 치료사는 아동의 행동에 대하여 어떠한 기대도 하지 않는다는 것을 나타낸다.

Sally: (모든 색깔들을 사용하여 조심스럽게 무지개를 그리기 시작한다. 다양한 물감 색들이 번지지 않도록 조심하고 무지개 밑에는 꽃 한 송이를 그리고 한쪽 모서리에는 해를 그린다.)	
치료사: 너는 조심스럽게 그림을 그리는구나. 너는 네가 원하는 방법대로 그리려고 애를 쓰는구나.	치료사는 아동이 그림에 쏟는 노력과 활동에 반응한다. 아동이 비록 언어적으로 상호작용하지 않는다 할지라도, 치료사는 아동과 의사소통하기 위하여 노력하고 있다.
Sally: (그림을 완성하고 뒤로 물러서서 자신이 그린 그림을 본다. 미술과 공예 재료가 있는 책상으로 가서는 처음에 그렸던 그림을 완성하기 시작한다.)	
치료사: 너는 네 그림을 다시 한 번 보는구나. 그리고 그 그림에 만족해하는 것 같구나.	이러한 반응은 그림에 대한 아동의 감정에 초점을 두고 있다. 이것은 어떻게 아동이 말을 하지 않고 자신의 감정을 표현할 수 있는지를 나타낸다. 놀이치료사는 아동을 충분히 이해하기 위하여 치료 회기 동안에 일어나는 아동의 모든 행동들에 초점을 두어야 한다.
Sally: 이걸 집에 가지고 가도 되나요?	
치료사: 그건 네가 결정할 수 있단다.	이러한 반응은 아동으로 하여금 자기 그림을 어떻게 하고 싶은지 결정하도록 허용한다는 것을 나타낸다.
Sally: (그림을 크레용으로 색칠할 때, 크레용을 하나씩 쓰고는 바로바로 크레용 케이스에 넣어서 책상에는 아무것도 남기지 않는다.)	
치료사: 너는 다 쓴 것들을 제자리에 갖다 놓고 싶어 하는구나.	이러한 반응은 아동의 행동에 초점을 두고 있다. 또한 아동으로 하여금 치료사가 아동에게 완전히 몰두하고 있음을 알게 한다.
Sally: (책상에 앉아서 뒤를 돌아보고는 다른 놀잇감들을 보기 시작한다.)	
치료사: 너는 여기에 뭐가 또 있는지를 알기 위해 둘러보는구나.	이러한 반응은 치료사의 행동에 초점을 두고 있으며 아동이 어떤 재료들을 특정한 방법으로 사용하길 강요하지 않는다. 또한 아동이 주도권을 가지게끔 한다.

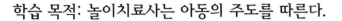

놀이치료 네 번째 회기에서 발췌

학습 목적: 놀이치료사는 아동의 주도를 따른다.

　여기에서는 아동이 말을 하지 않더라도 아동의 주도를 따르는 것이 얼마나 중요한 지를 나타낸다. 처음에 발췌한 상호작용에서 치료사는 주도권을 가지고 아동과 좀 더 직접적으로 상호작용을 하려는 바람으로 여러 다른 활동들을 통하여 아동과 관계를 맺으려고 한다. 두 번째 상호작용에서 치료사는 아동의 주도를 따른다.

✳ 초기 상호작용

　발췌 1　놀이치료사는 아동으로부터 주도권을 가지고 활동들을 이끌고 있다.

✳ 놀이치료 회기 시작 부분

　다음의 상호작용은 네 번째 놀이치료 회기에서 일어난 것이다. Sally는 미술과 공예 재료들을 계속해서 사용하나 다른 놀잇감들도 조금씩 사용하기 시작하였다. Sally는 놀잇감을 사용한 후에 정리하지 않고 그대로 놔두기 시작하였다.

Sally: (모래 상자에서 논다. 구멍이 뚫린 수저에 모래를 체에 거르듯이 걸러서 양동이에 넣는다.)	
치료사: 너는 그것을 바로 거기에 넣는구나. 너는 모래 상자에서 다른 놀잇감을 가지고도 놀 수 있단다.	치료사는 아동이 다른 놀잇감을 사용하도록 격려하면서 놀이치료를 주도하기 시작한다. 아동 중심의 놀이치료사는 아동이 자신을 표현하기 위하여 필요한 것을 활용한다는 것을 신뢰해야 한다.
Sally: (모래를 계속해서 거른다. 모래가 약간 치료실 바닥에 떨어지자 놀이를 멈추고는 치료사를 본다.)	아동은 치료실을 더럽히는 것이 괜찮은지 아닌지를 잘 모르고 있다. 아동의 이전 행동은 놀이를 할 때 깨끗이 하려는 경향이 있다는 것을 나타낸다.

치료사: 너는 바닥에 떨어진 모래를 발견했구나. 바닥에 모래가 있는 것이 싫으면 저기에 빗자루가 있단다. (빗자루와 쓰레받기가 있는 쪽을 손으로 가리킨다) 아니면 그냥 모래를 놔둘 수 있단다.	치료사는 이전의 놀이치료 회기들에 나타난 아동의 행동들에 비추어 아동이 바닥을 깨끗이 청소하고 싶어 한다는 것을 가정하고 있다. 이것은 치료사가 주도권을 가지게 되어 아동이 원하는 방법대로 바닥에 떨어진 모래들을 해결하도록 허용하지 않는다.
Sally: 네. (빗자루와 쓰레받기를 가지고 바닥에 떨어진 모래를 쓸기 시작한다.)	
치료사: 너는 그것을 쓸기로 결정했구나. 집에서는 어떻게 청소하는지 이야기해 주렴.	놀이치료사는 아동이 말을 더 하게 하려고 노력하고 있다. 놀이치료에서는 아동이 말을 하거나 하지 않는 것은 아동의 선택이다. 치료사는 말을 하지 않는 아동과의 치료 과정에 좀 더 편안해질 필요가 있다. 아동은 말을 하지 않더라도 놀이 활동을 통하여 여전히 치료사와 의사소통하고 있다.
Sally: 전 가끔씩 엄마를 도와 부엌을 청소해요. 아빠 집에서는 그냥 놀기만 해요.	
치료사: 너는 엄마 집에서는 청소를 도왔지만 아빠 집에서는 그렇게 많이 하지는 않았구나.	치료사는 내용 반영을 하나, 아동이 제공한 정보는 치료사의 주도로 얻어진 것이다.
Sally: 네. 아빠 집에서는 제 방을 청소해야 해요. 엄마는 집이 정돈되지 않은 것을 싫어해서 제 장난감들은 모두 제 방에 있어야 해요.	
치료사: 각 집마다 다른 규칙들이 있구나. 너는 장난감들을 깨끗이 치우길 좋아하니 아니면 그냥 놔두는 것을 좋아하니?	치료사는 질문을 함으로써 계속해서 주도권을 가지고 있다. 아동은 놀이를 통하여 자신이 필요한 것을 의사소통할 것이다. 따라서 정보를 얻으려는 치료사의 욕구를 만족시키기 위하여 질문을 하는 것은 불필요하다.
Sally: 잘 모르겠어요. (치료사를 등지고는 모래 상자에서 다시 놀기 시작한다. 모래를 걸러서 양동이에 놓고는 손으로 모래를 걸러서 모래 느낌을 느끼고 있다.)	아동은 치료사가 주도하는 방향에는 관심이 없다.
치료사: 너는 잘 모르겠구나. 너는 모래에서 더 놀려고 하는 것 같구나.	내용을 반영하고 활동을 인정(트래킹)한다.

Sally: (모래 상자에서 조용히 논다. 양동이에 모래를 채운 후, 다시 모래를 쏟는다.)	
치료사: 너는 모래를 좋아하는 것 같구나. 하지만 여기에는 네가 놀 수 있는 여러 가지 다른 놀잇감들이 있단다. 네가 원한다면 우린 함께 놀 수도 있단다.	치료사는 아동에게 다른 활동들을 제안함으로써 놀이치료 회기를 주도하려 한다. 치료사는 놀이치료가 좀 더 적극적인 활동들을 통하여 아동과 관계를 맺어야 한다는 자신의 생각과 욕구를 만족시키고 있다.
Sally: 네. (치료사를 보지만 여전히 아동은 모래를 만지고 있다.)	아동은 자신이 다른 활동을 해야 한다고 느낄 수 있다.
치료사: 저기에 인형의 집이 있고, 우리가 함께 인형 놀이를 할 수 있단다.	치료사는 여기서 놀이치료 회기를 완전히 주도하고 있다. 아동은 자신이 원하는 문제들을 더 이상 언급하지 않으려 할 수 있다.

❊ 효과적인 상호작용

발췌 2 놀이치료사가 아동의 주도를 따르고 아동이 말을 하게끔 강요하지 않는다.

여기에 나타난 상호작용은 어떻게 치료사가 아동의 주도를 따르고 아동이 말을 하지 않는 경우에도 어떻게 상호작용하는지를 보여 준다. 이러한 상호작용은 어떻게 아동의 놀이가 4번의 놀이치료 회기들을 통하여 변화되어 왔는지도 보여 준다.

Sally: (모래 상자에서 논다. 구멍이 뚫린 수저에 모래를 체에 거르듯이 걸러서 양동이에 넣는다.)	
치료사: 너는 그것을 바로 거기에 넣는구나.	행동을 인정한다(트래킹). 아동에게 치료사가 아동 자신에게 몰두하고 있음을 알려 준다.
Sally: (모래를 계속해서 거른다. 모래가 약간 치료실 바닥에 떨어지자 놀이를 멈추고는 치료사를 본다.)	아동은 치료실을 더럽히는 것이 괜찮은지 아닌지를 잘 모르고 있다. 아동의 이전 행동은 놀이를 할 때 깨끗이 하려는 경향이 있다는 것을 나타낸다.
치료사: 너는 바닥에 떨어진 모래에 대해 어떻게 해야 할지 잘 모르는구나. 때로로 모래가 바닥에	치료사는 아동의 감정을 반영한다. 또한 치료사는 아동에게 바닥에 떨어진 모래를 어떻게 할지를 아

떨어진단다.	동이 결정할 수 있다는 것을 알려 주고, 치료실에 서는 뭔가가 더럽혀져도 괜찮다는 것을 나타낸다.
치료사: 너는 모래에서 놀기를 좋아하는구나.	모래 놀이에서의 아동의 감정을 반영함으로써 치료사는 치료사가 아동과 함께 있으며 치료실 바닥에 모래를 내버려두는 아동의 결정이 괜찮다는 것을 알려 준다.
Sally: (치료실을 둘러보고는 부엌 놀이 영역에서 가지고 온 놀잇감들을 몇 개 더 모래 상자에 넣는다. 모래를 양동이에서 냄비와 프라이팬에 담는다.)	아동은 마음껏 놀잇감들을 사용한다. 아동이 치료실을 탐색하기 시작하였고 좀 더 많은 놀잇감들을 사용한다.
치료사: 너는 그것들을 거기에 넣고는 모래를 담는구나.	행동 인정(트래킹).
Sally: (모래를 냄비와 프라이팬에 담고는 가스레인지로 가서 요리하기 시작한다. 자신의 아이디어에 만족한 듯하다.)	
치료사: 너는 거기서 뭔가를 만드는 것 같고 그게 재미난 것 같구나.	치료사는 아동의 주도를 계속해서 따라가고 아동이 표현하는 감정들이 비언어적이라 할지라도 아동의 감정을 반영하고 있다. 아동들은 치료실에서 자신들의 활동을 통하여 많은 것들을 표현한다. 치료사는 자신의 귀뿐만 아니라 눈을 통하여 아동에게 귀 기울이는 법을 배워야 한다.
Sally: (계속해서 요리를 하고 플라스틱 음식을 접시 두 개와 컵 두 개에 담는 치료사에게 하나를 주고, 나머지 하나는 자신이 갖는다.)	아동은 지금 치료사와 관계를 맺고 있다. 이것은 아동이 어떻게 대화를 하지 않고 관계를 맺는지를 보여 준다.
치료사: 너는 우리 둘이 먹을 수 있는 뭔가를 만들었구나.	이러한 반응은 아동이 어떻게 치료사와 관계를 맺는지에 초점을 두고 있다.
Sally: (자신의 음식을 먹는 척한다. 그런 후 음식을 씻기 시작했고 더 많은 모래를 바닥에 떨어뜨렸다가 다시 모래 상자에 쏟아 붓는다.)	
치료사: 모든 것이 끝났구나. 너는 지금 그것을 거기에 다시 놓기로 결정했구나.	치료사는 아동의 행동에 초점을 두고 있다. 아동은 점점 더 편안해 하며 바닥에 떨어진 모래에 대해서는 더 이상 반응하지 않는다. 치료사는 아동이 준비가 되었을 때 더럽힐 수 있는 환경을 마련하였다. 이것은 치료 과정에서 아동이 진전하고 있다는 것을 나타낸다.

제 18 장

사례 연구: 성적 학대와 정신적 외상

        다섯 살인 Becky는 성적 학대와 정신적 외상을 경험하였기에 Becky의 어머니는 Becky를 놀이치료에 의뢰하였다. Becky는 여덟 살인 남자 아이 Joey에 의하여 성적 학대를 받았다. Becky와 Becky의 어머니는 Joey와 Joey의 어머니와 가까운 친구 사이였다. Becky의 어머니는 성적 학대를 아동 보호 기관(child protective service)에 보고하였고 Becky를 놀이치료에 의뢰하였다. Becky의 어머니는 Becky가 잘 모르는 사람에게까지 자신의 성적 학대를 종종 말한다고 하였다. 또한 Becky는 네 살 때 충격적인 사고를 경험하였다. 그 당시 Becky의 어머니는 기절을 하였고 Becky는 도움을 구하려고 119에 전화를 걸었다.

    치료 과정에서 Becky는 말도 많이 하고 적극적이었다. Becky는 첫 번째 놀이치료 회기에서부터 자신의 성적 학대에 대하여 이야기하였으나 이후 치료 회기에서는 전혀 이야기하지 않았다. Becky는 치료사와 자주 상호작용하였고 자신의 경험들을 놀이로 표출하였다.

놀이치료 첫 번째 회기에서 발췌

학습 목적: 놀이치료사는 아동의 감정들을 반영하고 다양한 치료 반응들을 통합한다.

처음에 발췌한 상호작용에서 치료사는 아동의 감정들과 다른 치료적인 반응들을 반영하는 기회를 놓치고 있다. 효과적인 상호작용에서 치료사는 적절한 치료 반응들을 활용하고 있다.

✲ 초기 상호작용

발췌 1 놀이치료사는 아동의 감정들을 반영하지 않는다.

여기에 나타난 상호작용은 놀이치료가 시작된 지 10분 후에 시작되었다. Becky는 놀잇감들을 탐색하였고 몇 가지 흥미로운 놀잇감들을 발견하였다. 이 치료 회기에서 Becky는 말을 많이 하였다.

Becky: (병원놀이 세트를 집는다.) 전 이걸 어떻게 사용하는지 알아요.	
치료사: 너는 그것을 어떻게 사용하는지 아는구나. 너는 **그것을 사용**하려고 하는 것 같구나.	치료사는 내용 반영으로 치료 회기를 시작한다.
Becky: (병원놀이 세트를 열어서 하나씩 보면서) Joey가 나에게 섹스를 했어요.	아동의 어머니는 아동이 잘 모르는 사람에게까지 아동 자신의 성적 학대를 이야기한다고 보고하였다. 어머니는 아동이 지나치게 자신의 경험을 남에게 이야기한다고 하였다.

치료사: 그 아이가 그랬구나. 무슨 일이 일어났는지 말해 보렴.	치료사는 이 시점에서 아동에게 정보를 얻으려고 한다. 아동의 성적 학대를 치료할 때 치료사는 종종 학대에 대한 더 많은 정보를 얻을 필요를 느끼거나 학대에 대한 아동의 감정들을 '고치려고' 하는 느낌을 갖게 된다. 하지만 아동 중심의 놀이치료에서 치료사는 아동의 주도를 따르고 아동이 자신의 학대 경험을 해결하기 위해 필요한 것을 표현한다는 것을 믿어야 한다.
Becky: Joey 집에서 Joey가 나에게 섹스를 했고, 전 엄마에게 이야기했어요. 그리고 Joey는 혼났어요.	Becky는 성적 학대 사건 자체보다는 성적 학대 경험에 대한 자신의 이해를 치료사에게 알려 준다. 이것은 정보를 얻으려는 치료사의 욕구는 만족스런 답을 얻지 못한다는 것을 나타낸다.
치료사: 너는 Joey가 너에게 그렇게 해서는 안 된다는 것을 아는구나.	치료사는 치료사의 역할이 아닌 교육자의 역할을 취하고 있다. 치료사는 아동에게 좋은 접촉과 비밀스러운 접촉에 대해 가르치고 있다. 비록 이러한 정보가 아동에게 중요한 정보일 수 있으나 놀이치료실은 아동이 자신의 감정들을 자신이 원하는 방법으로 표현하는 장소다.
Becky: (장난감 주사기를 가지고 치료사에게 걸어온다.) 네. 엄마는 나에게 왜 여기에 와야 하는지 알려 주었어요.	
치료사: 너는 여기서 Joey가 너에게 한 일을 이야기하기 위해 온다는 것을 아는구나.	치료사는 아동의 대화 내용을 반영하나 아동의 어머니가 아동에게 한 이야기를 다시 한 번 강조함으로써 아동을 이끌기 시작한다. 치료실에서 아동은 자신의 학대에 대해 이야기하도록 강요받아서는 안 되고 아동 자신이 원하는 방법으로 감정들을 해결하도록 허용받아야 한다.
Becky: 네. (주사기를 치료사에게 주고 나서 자신의 엉덩이를 치료사에게 보이기 위하여 치마를 들어 올린다.) 선생님이 의사가 되고 바로 여기에다 주사를 놓아 주세요.	아동은 놀이를 시작한다. 아동은 또래 아이들보다 빈약한 경계(boundary) 문제가 있음을 나타내기 시작한다.

치료사: 그래. (주사기를 잡고는 아동의 엉덩이에 주사를 놓는다.) 자, 반창고를 붙이자꾸나.	치료사는 놀이에 개입하고 아동 자신의 엉덩이에 주사를 놓아 달라는 아동의 욕구를 재조정하는 기회를 놓치고 있다. 치료사는 엉덩이에 주사를 놓길 원하는 아동의 욕구를 다른 곳(팔/손)으로 재조정해야 한다. 하지만 여기서 놀이치료사는 아동에게 적절한 경계를 유지하지 않은 채 아동의 놀이를 지속하도록 하고 있다.
Becky: 자, 이제는 제가 선생님에게 주사를 놓을 차례예요. (치료사의 엉덩이에 주사를 놓기 위해 옷을 잡아당기기 시작한다.)	
치료사: 나는 내 엉덩이에 놓는 걸 원하지 않는단다. 너는 다른 곳을 정해서 주사를 놓을 수 있단다.	치료사는 치료상에서 자신의 개인적인 경계를 설정해야 한다. 치료사는 자신의 경계를 설정할 때 그것은 자신의 제한이며 제한을 설정한다고 하여 아동을 수용하지 않는다는 것을 의미하지 않는다. 따라서 치료사 자신의 경계 설정이 아동에 대한 수용 여부를 나타내는 것이 아님을 인정할 필요가 있다. 또한 치료사는 대안적인 장소를 적절하게 제공하여 아동이 선택할 수 있도록 해야 한다.
Becky: 하지만 병원에서는 항상 엉덩이에 주사를 놓잖아요. 그러니까 제가 선생님 엉덩이에 주사 한 대를 놓을게요.	
치료사: 나는 주사를 원하지 않는단다. 너는 네 심장을 대신해서 들을 수 있단다. (병원놀이 세트를 보고는 아동에게 청진기를 준다.)	치료사는 아동의 감정들에 반응하는 것을 놓치고 있다. 아동의 행동을 다시 한 번 주도함으로써 치료사는 치료 회기를 주도하고 있고, 아동이 실망감을 느끼지 않도록 다른 놀잇감을 제공하여 아동의 실망감으로부터 아동을 구제(rescue)하고 있다.
Becky: 좋아요. (청진기를 들고는 치료사의 심장을 듣는다.) 선생님 심장 소리를 들을 수 있어요. 점점 더 빨라져요.	
치료사: 너는 내 소리를 들을 수 있구나. 자, 이제는 네가 원한다면 내가 네 소리를 들을 수 있단다.	치료사는 아동이 치료사에게 물어보지도 않았는데도 놀이에 계속해서 참여한다.

✳ 효과적인 상호작용

발췌 2 놀이치료사는 아동의 감정들을 반영한다.

Becky: (병원놀이 세트를 집는다.) 전 이걸 어떻게 사용하는지 알아요.	
치료사: 너는 그것을 어떻게 사용하는지 아는구나. 너는 그것을 사용하려고 하는 것 같구나.	치료사는 내용 반영으로 치료 회기를 시작한다.
Becky: (병원놀이 세트를 열어서 하나씩 보면서) Joey가 나에게 섹스를 했어요.	아동의 어머니는 아동이 잘 모르는 사람에게까지 자신의 성적 학대를 이야기한다고 보고하였다. 어머니는 아동이 지나치게 자신의 경험을 남에게 이야기한다고 하였다.
치료사: 너는 Joey가 너에게 무엇을 했는지 알고 너는 그것을 싫어하는구나.	치료사는 아동의 감정들에 초점을 맞추고 있다. 이것은 학대에 대한 아동 자신의 감정들을 표현하기 위하여 자신이 원하는 방향으로 치료를 이끌도록 허용한다.
Becky: 네. 하지만 Joey는 더 이상 그렇게 못해요. 전 Joey와 더 이상 놀지 않아요. (슬픈 목소리로. 병원놀이 세트를 들고 치료사에게 온다.)	Becky는 자신이 원하는 것과 학대가 자신에게 어떤 영향을 미치는지를 치료사에게 자유롭게 설명하고 있다.
치료사: 너는 Joey가 너를 더 이상 그렇게 하지 않을 거라는 것을 아는구나. 그리고 넌 Joey와 더 이상 놀 수 없으니 슬픈 것 같구나.	치료사는 아동이 표현하는 감정들을 반영한다. 가끔씩, 놀이치료 회기에서 아동의 감정들을 확인하는 것이 어려울 수 있다. 하지만 치료사가 아동의 감정들을 반영할 때, 아동은 치료사의 감정 반영 반응이 맞는지 틀린지를 알려 줄 것이다.
Becky: (치료사 앞에서 병원놀이 세트를 열고 주사기를 치료사에게 준다. 자기 엉덩이를 보여 주기 위해 치마를 든다.) 선생님이 의사가 되고요, 바로 여기에 주사를 놓으세요.	아동이 다른 놀이를 시작하고 있다.
치료사: 너는 내가 거기에 주사 놓기를 원하는구나. 하지만 나는 네 엉덩이에 주사를 놓지 않기로 선택했단다. 너는 네 손이나 네 팔을 선택해서 내가 주사를 놓을 수 있게끔 할 수 있단다.	치료사는 치료 회기에서 자신의 개인적인 제한을 설정하기 위하여 ACT 제한 설정 모델을 활용하고 있다. 치료사는 필요한 경우에 어떻게 경계를 설정하는지를 시범 보이고 있다. 치료사는 아동을 여전히 수용하고 있다.

Becky: (자기 치마를 내리고 소매를 걷는다.) 좋아요. 제 팔에 놓아 주세요.	
치료사: 내가 어떻게 주사 놓기를 원하는지 보여 다오.	치료사는 아동이 요구한 놀이에 개입하고 있다. 아동에게 어떻게 치료사가 주사 놓기를 원하는지를 물음으로써 아동이 계속해서 주도권을 가지도록 하고 있다.
Becky: (치료사에게 주사기를 주고는 자기 손가락으로 어떻게 주사를 놓길 원하는지 보여 준다.) 여기다 놓고 누르세요.	
치료사: (주사를 놓는다.) 너는 여기에 놓고 이렇게 누르길 원하는구나.	치료사는 아동의 주도를 따르고 아동이 요구한 대로 놀이에 개입한다. 치료사는 아동이 주도한 이상으로 놀이를 이끌어 가지 않는다.
Becky: (주사기를 잡고는 치료사 팔에 놓는다.) 이제는 제가 선생님에게 주사를 놓을 차례예요.	
치료사: 너는 나에게 똑같이 놓기로 결정했구나.	치료사는 아동이 주사 맞은 경험 그대로 치료사에게 하고 싶어 하는 것을 연결시키고 있다.
Becky: 네. (청진기를 가지고 치료사의 심장소리를 듣는다.) 전 이걸로 선생님 심장 소리를 들을 수 있어요.	
치료사: 너는 그것을 어떻게 쓰는지 아는구나. 너는 그것들을 어떻게 쓰는지 아는 것을 자랑스럽게 여기는구나.	치료사는 아동의 감정에 반응하고 있다.

이러한 효과적인 반응에서 치료사는 아동에게 성적 학대에 대한 이야기를 하도록 강요하지 않는다. 대신에 치료사는 아동 자신이 학대를 이야기할 준비가 되어 있을 때 아동의 감정과 사고를 해결하도록 허용한다. 비록 아동이 자신의 학대에 대하여 길게 이야기하지 않았지만 치료사는 아동이 준비가 되었을 때 이야기할 수 있다는 것을 알려 주는 치료적인 환경을 마련하였다. 아동은 이 시기 이후로 자신의 학대에 대한 이야기를 하지 않았다. 대신에 아동은 일상생활에서의 자신의 경험과 관련된 감정들에 초점을 두었다.

놀이치료 여섯 번째 회기에서 발췌

학습 목적: 놀이치료사는 아동이 주도한 만큼만 놀이에 참여한다.

처음에 발췌한 상호작용에서 치료사는 아동의 놀이에 참여하고 있으며 아동에게 놀이의 의미를 설명하도록 강요하고 있다. Becky가 처음으로 놀이 장면을 나타내었다. 효과적인 상호작용에서 치료사는 아동이 요구한 만큼 놀이에 참여하고 있으며 아동에게 놀이의 의미를 설명하도록 요구하지 않는다.

�֍ 초기 상호작용

발췌 1 놀이치료사는 아동의 놀이에 개입하고 아동에게 놀이의 의미를 설명하게끔 노력한다.

Becky: 저는 경찰 놀이를 하고 싶어요. (선반 쪽으로 가서 수갑을 집는다.)	
치료사: 너는 오늘 하고 싶은 것을 잘 알고 있구나.	의사결정권을 촉진하는 반응.
Becky: (총을 집어서 주머니 속에 넣는다. 경찰 모자를 쓰고 치료사에게 걸어온다.) 자, 선생님은 나쁜 사람이기 때문에 감옥에 가고 있어요.	
치료사: 나쁜 사람은 감옥에 가는구나. 나쁜 사람들은 또 어떤 일들로 감옥에 가야 하니?	치료사는 아동이 놀이를 설명하도록 요구한다. 치료실에서 아동의 놀이는 놀이 자체로 모든 것을 설명한다. 치료사는 놀이가 무슨 의미가 있는지를 항상 이해하지 못할 수 있다. 만약 치료사가 안전한 환경을 조성하였다면 아동은 비록 치료사가 놀이를 이해하지 못한다 할지라도 아동에게 필요한 것을 놀이로 표출하게 된다.
Becky: (굵은 목소리로) 손을 내어 봐요. 선생님은 감옥에 가야 해요.	

치료사: 너는 나를 감옥으로 데리고 가는 구나. 내가 무슨 일을 했길래 감옥에 가야 하니? (손을 내밀고 아동은 치료사의 손에 수갑을 채운다.)	치료사는 또다시 놀이의 의미를 찾으려고 애를 쓰고, 아동에게 아동의 행동을 설명하도록 요구하고 있다. 치료사는 아동을 신뢰해야 하며 아동이 왜 경찰 놀이를 해야 하는지보다 아동이 표현하는 것에 초점을 두어야 한다.
Becky: 선생님은 자신이 한 일을 알잖아요! 자, 가요. (치료사가 일어서도록 치료사의 팔을 당긴다.)	
치료사: (일어서서 Becky를 따라간다.) 너는 이제 나를 감옥에 데리고 가는구나. 너는 나쁜 사람들에게 일어나는 일을 알고 있구나.	내용 반영. 치료사는 아동의 주도를 따르나 아동의 행동들을 모두 볼 수 있는 위치에 있지 않게 된다.
Becky: (치료사와 치료실을 걸어 다니고는 치료사를 퍼핏 인형 극장 뒤에 있게 한다.) 자, 제가 이야기할 때까지 여기에 있어요.	
치료사: 너는 나를 여기 감옥에 가두었구나. 나쁜 사람들은 얼마나 오래 감옥에 있니?	아동의 놀이 이면에 있는 이유를 알기 위해 아동을 강요하고 있다.
Becky: (차를 탄다.) 저는 나쁜 사람들을 더 잡기 위해 나가요. (퍼핏 인형 극장으로 가서 치료사를 나오게 한다.) 자, 이제 선생님이 경찰이 되고 제가 나쁜 사람이 될 차례예요.	
치료사: 이제는 우리가 서로 바꾸는구나. 내가 너를 무슨 일로 감옥에 가둬야 하니?	치료사는 아동이 비록 치료사의 이전 질문들에 대해서 반응하지 않았음에도 불구하고 아동에게 계속해서 질문하고 있다. 치료사가 아동에게 질문을 할 때 치료사는 치료 과정을 주도하고 아동은 놀이를 통하여 언급되는 특정한 근심들을 자유롭게 선택하지 못하게 된다.
Becky: (수갑을 풀고 치료사에게 수갑을 준다.) 왜냐하면, 나는 나쁜 사람이니까요. 자, 저에게 수갑을 채우세요.	
치료사: 너는 무슨 일로 나쁜 사람이 되었니? (아동에게 수갑을 채우기 시작한다.)	치료사는 계속해서 아동에게 질문을 하고 있다. 아동이 치료 과정을 주도하도록 격려하기 위해서 치료사는 아동에게 수갑을 어떻게 채우길 원하는지를 물어볼 필요가 있다. (예: 수갑을 치료사 앞쪽으로 채울지 아니면 뒤로 채울지) 비록 아동이 치료사가

	놀이에 참여하길 원한다 할지라도 치료사는 아동이 놀이를 어떻게 이끌어 가길 원하는지를 결정할 수 있는 기회를 제공하여 아동이 주도성을 발휘하게끔 도와야 한다.
Becky: (수갑을 차고는 퍼핏 인형 극장으로 간다.) 자, 이제는 제가 감옥에 갈 차례예요.	
치료사: 자, 이제는 네가 감옥에 있고 내가 여기 있어야 하는구나.	아동의 놀이에서 역할극을 하나 아동의 주도를 허용하지 않는다.

✳ 효과적인 상호작용

발췌 2 놀이치료사는 아동에게 놀이의 의미를 설명하도록 강요하지 않고 아동의 주도권을 따른다.

Becky: 저는 경찰 놀이를 하고 싶어요. (선반 쪽으로 가서 수갑을 집는다.)	
치료사: 너는 오늘 하고 싶은 것을 잘 알고 있구나.	의사결정권을 촉진하는 반응.
Becky: (총을 집어서 주머니 속에 넣는다. 경찰 모자를 쓰고 치료사에게 걸어온다.) 자, 선생님은 나쁜 사람이기 때문에 감옥에 가고 있어요.	
치료사: 너는 내가 나쁜 사람이고 나를 감옥에 데리고 가길 결정하였구나.	치료사는 아동에게 놀이의 의미를 설명하도록 요구하지 않고 아동의 주도를 따른다. 아동 중심의 놀이치료사는 아동이 자신을 표현한다는 것을 믿는다.
Becky: (굵은 목소리로) 손을 내어 봐요. 선생님은 감옥에 가야 해요.	
치료사: (손을 내밀고 아동은 치료사의 손에 수갑을 채운다.) 너는 그것들을 어떻게 쓰는지 알고 나에게 채우는구나.	치료사는 아동의 주도를 계속해서 따르며 아동이 놀잇감을 사용할 수 있는 능력을 가졌다는 것에 대해 격려하는 반응을 전달한다.
Becky: (치료사가 일어서도록 치료사의 팔을 당긴다.) 자, 가요. 감옥에 갈 시간이에요.	

치료사: (의자에 앉아 있는다.) 나는 네가 나를 감옥에 데리고 가고 싶은 것을 알고 있단다. 하지만 나는 여기에 앉아 있기로 선택하였단다. 너는 이 의자가 감옥이라고 선택할 수 있단다.	ACT 제한 설정 모델. 치료사는 자리를 옮기는 것에 대한 제한을 설정한다. 이러한 제한으로 치료사는 아동의 놀이 활동을 계속해서 충분히 볼 수 있는 위치에 있게 된다.
Becky: (치료사를 감옥에 데리고 가는 척을 한다.) 자, 내가 나오라고 할 때까지 여기에 있어요.	
치료사: 너는 나를 잡아서 여기 감옥에 가두는구나.	치료사는 아동의 주도를 따른다.
Becky: (자신에게 수갑을 채우기 시작한다.) 자, 이제는 제가 나쁜 사람이기 때문에 감옥에 가야 해요. (퍼핏 인형 극장으로 가서 슬픈 표정으로 앉는다.)	
치료사: 너는 바로 거기 뒤인 감옥에 있기로 결정하였구나. 너는 감옥에 있는 것이 싫구나.	치료사는 아동의 주도를 따르고 아동의 감정들을 반응하고 있다. 비록 치료사는 왜 아동이 이런 놀이를 시작했는지 이해하지 못한다 할지라도 치료사는 아동은 자신이 필요한 방법으로 자신을 표현한다는 것을 신뢰해야 한다.
Becky: (퍼핏 인형 극장에서 나와서는 수갑을 푼다.) 이제는 다른 놀이를 해요. (그림 그리는 쪽으로 간다.)	
치료사: 거기서 모든 것을 다 끝내고 이제는 새로운 것을 할 준비가 되었구나.	내용 반영.
Becky: (수갑을 차고는 퍼핏 인형 극장으로 간다.) 자, 이제는 제가 감옥에 갈 차례예요.	

　여기에서 치료사는 아동이 필요한 것을 표현하도록 아동을 허용하는 여러 가지 치료적인 반응을 하고 있다. 이 놀이치료 회기에서 Becky는 처음으로 놀이 장면을 나타내었다. 비록 치료사는 아동의 놀이를 이해하지 못한다 할지라도 아동에게 설명을 하도록 요구하지 않는다. 이 놀이치료 회기가 끝나고 치료사는 부모와의 면담 시간을 가졌다. Becky의 어머니는 Becky의 아버지가 지난주에 음주 운전으로 집 앞에서 체포되었다고 보고하였다. 이것은 Becky가 자신의 일상생활 경험들을 훈습하기 위하여 치료실을 어떻게 활용하는지를 나타내고 있다. 치료사는 아동이 상황에 대한 자신의 감정들을 표현하기 위한 치료 환경을 마련하기 위하여 Becky가 왜 경찰 역할을 하는지를 알 필요가 없다. Becky는 치료사의 치료적인 반응들을 통하여 자신에게 필요한 것을 마음껏 표현할 수 있었다.

훈련과 수퍼비전

훈련과 수퍼비전에서는 훈련 기관이나 임상 기관에 있는 놀이치료 수퍼바이저를 위하여 마련하였다.

❖ ❖ ❖

훈련과 수퍼비전의 첫 번째 부분은 아동 중심의 놀이치료에서 핵심이 되는 기법들을 배우고 통합하기 위한 기본적인 토대를 제공하고 있다. 또한 다음의 여섯 가지 기법들을 하나씩 배우고 실습하는 기회를 마련하였다.

- 비언어적인 행동들을 인정하기
- 내용을 반영하기
- 감정을 반영하기
- 자아존중감과 격려를 촉진하기
- 의사결정권과 자아 책임감을 촉진하기
- 제한을 설정하기

❖ ❖ ❖

두 번째 부분에서는 비디오를 다시 한 번 보고, 그에 대한 피드백을 주는 양식들을 수퍼비전, 셀프 수퍼비전 또는 또래 수퍼비전에서 활용하도록 제공하였다. 처음의 양식들은 구체적인 기법들 여섯 개에 중점을 두고 있으며 그 밖의 두 개의 양식들은 여섯 개의 치료 반응들을 통합하는 것에 중점을 두고 있다.

❖ ❖ ❖

이러한 양식들은 형식적인 놀이치료 수퍼비전 시간을 갖기 전에 놀이치료 회기들을 비디오테이프에 녹화한 치료 회기 테이프를 다시 한 번 보면서 활용하도록 고안되었다. 이러한 형태의 재검토는 놀이치료사로 하여금 자신의 장점과 자신이 더 발달시켜야 할 영역에 대한 인식을 높일 수 있게끔 돕는다.

제19장

역할극 기법과 피드백 형식

역할극: 비언어적인 행동을 인정하기

수퍼바이저가 그 기법을 시범 보인다.

1. 첫 번째로 수퍼바이저나 교수는 그 기법을 개인, 집단 또는 수업을 듣는 학급 전체에게 시범 보인다.

2. 한 사람이 아동이 되어서 '말을 하지 않고 여러 가지 놀잇감을' 가지고 놀도록 한다.

3. 수퍼바이저나 교수는 자연스럽고 진실된 치료 반응들을 활용하여 아동의 비언어적인 행동들을 인정하는 반응들을 여러 번 한다.

   이러한 기법은 아동이 비언어적으로 의사소통할 때 사용되고 그 밖의 다른 치료 반응들, 즉 자아존중감 또는 의사결정권을 촉진하는 기법들을 사용하지 않는다. 비언어적인 행동을 인정하는 반응들은 아동으로 하여금 치료사가 아동과 함께 있으며, 아동을 소중히 여기며, 아동을 이해하길 원한다는 것을 알려 준다. 이것은 아동과 치료적인 관계를 맺는 방법이며 아동이 비언어적으로 의사소통할 때 안전하고 지지적인 치료 환경을 마련하는 방법이다.

   놀이치료사는 참되고 자연스러운 방법으로 아동과의 관계에 개입하기 위하여 아동이 하는 것을 언어적으로 설명한다.

아동: 아동이 인형의 집과 인형 두 개를 가지고 놀고 있다.

치료사: 너는 그것 두 개를 거기에 놓는구나.

두 명씩 또는 세 명씩 짝을 지어 연습한다.

4. 개인, 집단 또는 학급 전체에게 이러한 기법을 연습할 기회를 제공한다.

　　가능하다면 집단 또는 학급을 세 사람씩 짝을 짓는다. 한 사람은 아동 역할을, 다른 사람은 놀이치료사 역할을, 또 다른 사람은 관찰자 역할을 한다. 관찰자는 놀이치료사가 아동에게 하는 각 반응들을 적는다.

놀이치료사는 자신의 장점들과 더욱 발달시켜야 하는 영역들을 찾는다.

5. 2~3분간의 역할극이 끝나면 놀이치료사는 자신이 무엇을 효과적으로 했으며 더욱 효과적으로 발달시켜야 하는 것들은 무엇인지 이야기한다.

관찰자는 놀이치료사의 각 반응들을 재검토한다.

6. 관찰자는 놀이치료사가 한 치료적인 반응들을 각각 크게 읽고는 그 피드백 종이를 치료사에게 준다.

아동 역할을 한 사람이 반응한다.

7. 아동 역할을 한 사람이 놀이치료사의 반응들이 자신에게 어떻게 영향을 미쳤는지를 나타내는 구체적인 피드백을 제공한다.

관찰자: 다음의 밑줄 친 공간에 치료적인 반응들을 적는다.

놀이치료사: 각 번호가 적힌 줄의 두 번째 줄은 자신이 한 치료적인 반응을 고치고 싶을 때 (필요하다면) 사용한다.

1. _____

   _____

2. _____

   _____

3. _____

   _____

4. _____

   _____

5. _____

   _____

역할극: 내용을 반영하기

수퍼바이저가 그 기법을 시범 보인다.

1. 첫 번째로 수퍼바이저나 교수는 그 기법을 개인, 집단 또는 수업을 듣는 학급 전체에게 시범 보인다.

2. 한 사람이 아동이 되어서 여러 가지 놀잇감을 가지고 놀도록 한다. 아동 역할을 한 사람이 언어적으로 자신의 놀이를 나타내는 것이 중요하다. (예: 여기 두 사람은 서로 화가 나서 싸울 거예요.)

3. 수퍼바이저나 교수는 자연스럽고 진실된 치료 반응들을 활용하여 내용 반영들을 여러 번 한다.

　　이러한 기법은 아동이 언어적으로 의사소통할 때 사용되고 그 밖의 다른 치료 반응들, 즉 자아존중감 또는 의사결정권을 촉진하는 기법들을 사용하지 않는다. 내용 반영은 아동으로 하여금 치료사가 아동이 말하는 것을 귀담아 듣고 이해한다는 것을 알려 준다. 또한 내용 반영은 안전하고 지지적인 치료 환경을 마련함과 동시에 아동과 치료적인 관계를 맺게 하는 또 다른 방법이다.

　　놀이치료사는 참되고 자연스러운 방법으로 아동이 말한 것을 언어적으로 나타낸다.

아동: (아동이 인형의 집과 인형 두 개를 가지고 놀고 있다.) 그 사람들(어른 인형)은 돈이 많이 없어요. 하지만 마음은 정말로 따뜻한 사람들이에요. 이 사람들은 엄마 아빠가 없는 아이들을 데리고 와서 보살피고 있어요.

치료사: 마음이 따뜻한 사람들이 아이들을 보살피고 있구나.

두 명씩 또는 세 명씩 짝을 지어 연습한다.

4. 개인, 집단 또는 학급 전체에게 이러한 기법을 연습할 기회를 제공한다.

   가능하다면 집단 또는 학급을 세 사람씩 짝을 짓는다. 한 사람은 아동 역할을, 다른 사람은 놀이치료사 역할을, 또 다른 사람은 관찰자 역할을 한다. 관찰자는 놀이치료사가 아동에게 하는 각 반응들을 적는다.

놀이치료사는 자신의 장점들과 더욱 발달시켜야 하는 영역들을 찾는다.

5. 2~3분간의 역할극이 끝나면 놀이치료사는 자신이 무엇을 효과적으로 했으며 더욱 효과적으로 발달시켜야 하는 것들은 무엇인지 이야기한다.

관찰자는 놀이치료사의 각 반응들을 재검토한다.

6. 관찰자는 놀이치료사가 한 치료적인 반응들을 각각 크게 읽고는 그 피드백 종이를 치료사에게 준다.

아동 역할을 한 사람이 반응한다.

7. 아동 역할을 한 사람이 놀이치료사의 반응들이 자신에게 어떻게 영향을 미쳤는지를 나타내는 구체적인 피드백을 제공한다.

관찰자: 다음의 밑줄 친 공간에 치료적인 반응들을 적는다.

놀이치료사: 각 번호가 적힌 줄의 두 번째 줄은 자신이 한 치료적인 반응을 고치고 싶을 때 (필요하다면) 사용한다.

1. _____

_____

2. _____

_____

3. _____

_____

4. _____

_____

5. _____

_____

역할극: 감정을 반영하기

수퍼바이저가 그 기법을 시범 보인다.

1. 첫 번째로 수퍼바이저나 교수는 그 기법을 개인, 집단 또는 수업을 듣는 학급 전체에게 시범 보인다.

2. 한 사람이 아동이 되어서 여러 가지 놀잇감을 가지고 놀도록 한다. 아동 역할을 한 사람이 자신의 감정을 나타내는 놀이를 언어적으로 표현하는 것이 중요하다. (예: 아동이 치료실에서 매우 흥분된 감정으로 행동하거나 아동이 블록 두 개를 서로 쌓지 못할 때 좌절감을 나타내는 행동을 한다. 아동은 자신의 슬픔, 행복 또는 분노를 표현하기 위하여 놀잇감을 사용한다.) 이것은 치료사로 하여금 아동의 감정 또는 놀이 인형의 감정들을 반영하는 기회를 제공한다.

3. 수퍼바이저나 교수는 자연스럽고 진실된 치료 반응들을 활용하여 감정 반영을 한다. 치료사는 자신의 목소리 톤을 아동의 감정과 일치시킨다.

   이러한 기법은 아동이 감정을 표현할 때 사용된다. 아동의 감정들을 확인하고 인정함으로써 아동은 자신의 감정들에 대한 인식을 높일 수 있고 타인들에게 그러한 감정들을 더욱 잘 표현할 수 있게 된다. 놀이치료사는 아동의 감정들을 정확하게 반영하기 위하여 아동의 목소리 톤, 대화 내용을 주의 깊게 들으며, 비언어적인 행동과 얼굴 표정들을 관찰**한**다. 아동은 치료사가 자신의 감정들을 정확**하**게 반영할 때 자신이 이해된**다**는 느낌을 더욱 크게 가질 수 있다.

   아동: (아동이 인형의 집과 인형 두 개를 가지고 놀고 있다.) 그 사람들(어른 인형)은 돈이 많이 없어요. 하지만 마음은 정말로 따뜻한 사람들이에요. 이 사람들은 엄마 아빠가 없는 아이들을 데리고 와서 보살피고 있어요. (목소리 톤이 밝다.)

   치료사: 그 아이들은 마음이 따뜻한 사람들이 자기들을 보살피니 매우 행복하구나.

두 명씩 또는 세 명씩 짝을 지어 연습한다.

4. 개인, 집단 또는 학급 전체에게 이러한 기법을 연습할 기회를 제공한다.

   가능하다면 개인, 집단 또는 학급을 세 사람씩 짝을 짓는다. 한 사람은 아동 역할을, 다른 사람은 놀이치료사 역할을, 또 다른 사람은 관찰자 역할을 한다. 관찰자는 놀이치료사가 아동에게 하는 각 반응들을 적는다.

놀이치료사는 자신의 장점들과 더욱 발달시켜야 하는 영역들을 찾는다.

5. 2~3분간의 역할극이 끝나면 놀이치료사는 자신이 무엇을 효과적으로 했으며 더욱 효과적으로 발달시켜야 하는 것들은 무엇인지 이야기한다.

관찰자는 놀이치료사의 각 반응들을 재검토한다.

6. 관찰자는 놀이치료사가 한 치료적인 반응들을 각각 크게 읽고는 그 피드백 종이를 치료사에게 준다.

아동 역할을 한 사람이 반응한다.

7. 아동 역할을 한 사람이 놀이치료사의 반응들이 자신에게 어떻게 영향을 미쳤는지를 나타내는 구체적인 피드백을 제공한다.

관찰자: 다음의 밑줄 친 공간에 치료적인 반응들을 적는다.

놀이치료사: 각 번호가 적힌 줄의 두 번째 줄은 자신이 한 치료적인 반응을 고치
고 싶을 때 (필요하다면) 사용한다.

1. _____
   _____

2. _____
   _____

3. _____
   _____

4. _____
   _____

5. _____
   _____

수퍼바이저가 그 기법을 시범 보인다.

1. 첫 번째로 수퍼바이저나 교수는 그 기법을 개인, 집단 또는 수업을 듣는 학급 전체에게 시범 보인다.

2. 한 사람이 아동이 되어서 여러 가지 놀잇감을 가지고 놀도록 한다. 아동 역할을 한 사람이 행동, 언어적인 내용 그리고 감정들을 나타내는 놀이를 하는 것이 중요하다. 이러한 놀이는 치료사로 하여금 위의 세 가지 기법들을 통합할 수 있는 기회를 제공한다.

3. 수퍼바이저나 교수는 자연스럽고 진실된 치료 반응들을 활용하여 비언어적인 행동, 내용 반영, 감정 반영들을 한다.

치료사는 아동이 자신의 감정, 근심 그리고 생활 경험들을 놀이로 마음껏 표현하기 위한 안전하고 지지적인 치료 환경을 마련함과 동시에 아동과의 관계를 발달시키는 데 중점을 둔다.

놀이치료사는 아동의 감정과 대화 내용을 반영할 기회에 귀 기울인다. 아동의 감정 반영과 내용 반영을 할 기회가 없다면 치료사는 자연스럽고 진실된 방법으로 비언어적인 행동들을 인정한다.

아동: (인형의 집으로 2개의 어른 인형들을 가지고 간다.)
치료사: 너는 그것 두 개를 인형의 집으로 가지고 가는구나.
아동: (아동이 인형의 집과 인형 두 개를 가지고 놀고 있다.) 이 사람들(어른 인형)은 돈이 많이 없어요. 하지만 마음은 정말로 따뜻한 사람들이에요.
치료사: 그 사람들은 비록 돈은 없지만 마음이 정말로 따뜻하구나.

아동: 이 사람들은 엄마 아빠가 없는 아이들을 데리고 와서 보살피고 있어요. (목소리 톤이 밝다.)

치료사: 그 아이들은 마음이 따뜻한 사람들이 자기들을 보살피니 매우 행복하구나.

두 명씩 또는 세 명씩 짝을 지어 연습한다.

4. 개인, 집단 또는 학급 전체에게 이러한 기법을 연습할 기회를 제공한다.

가능하다면 집단 또는 학급을 세 사람씩 짝을 짓는다. 한 사람은 아동 역할을, 다른 사람은 놀이치료사 역할을, 또 다른 사람은 관찰자 역할을 한다. 관찰자는 놀이치료사가 아동에게 하는 각 반응들을 적는다.

놀이치료사는 자신의 장점들과 더욱 발달시켜야 하는 영역들을 찾는다.

5. 2~3분간의 역할극이 끝나면 놀이치료사는 자신이 무엇을 효과적으로 했으며 더욱 효과적으로 발달시켜야 하는 것들은 무엇인지 이야기한다.

관찰자는 놀이치료사의 각 반응들을 재검토한다.

6. 관찰자는 놀이치료사가 한 치료적인 반응들을 각각 크게 읽고는 그 피드백 종이를 치료사에게 준다.

아동 역할을 한 사람이 반응한다.

7. 아동 역할을 한 사람이 놀이치료사의 반응들이 자신에게 어떻게 영향을 미쳤는지를 나타내는 구체적인 피드백을 제공한다.

관찰자: 다음의 밑줄 친 공간에 치료적인 반응들을 적는다.

놀이치료사: 각 번호가 적힌 줄의 두 번째 줄은 자신이 한 치료적인 반응을 고치

고 싶을 때 (필요하다면) 사용한다.

1.

2.

3.

4.

5.

6.

7.

8.

9.

역할극: 자아존중감과 격려를 촉진하기

수퍼바이저가 그 기법을 시범 보인다.

1. 첫 번째로 수퍼바이저나 교수는 그 기법을 개인, 집단 또는 수업을 듣는 학급 전체에게 시범 보인다.

2. 한 사람이 아동이 되어서 여러 가지 놀잇감을 가지고 놀도록 한다. 아동 역할을 한 사람이 특정한 과제들을 성취하려는 놀이를 하는 것이 중요하다. (예: 아동이 블록들을 쌓는 노력을 하거나 군인 인형을 군대 트럭에 세우려고 애를 쓴다.) 이러한 놀이로 치료사는 아동의 자아존중감과 격려를 촉진할 기회를 갖는다.

3. 수퍼바이저나 교수는 자연스럽고 진실된 치료 반응들을 활용하여 아동의 자아존중감과 격려를 촉진하는 반응들을 한다.

   이러한 기법은 아동이 놀이 과정에 쏟는 노력과 작업의 양을 격려하는 데 활용한다. (예: 치료사는 아동이 그림을 그리는 데 또는 탑을 쌓는 데 드는 노력과 과정을 인정한다.) 아동의 노력들을 인정함에 따라 아동은 타인으로부터 칭찬과 승인을 얻으려고 하기보다는 과정에 쏟는 자신의 노력을 인정하고 내재화시키는 법을 배운다.

   아동: (아동이 인형의 집과 인형 두 개를 가지고 놀고 있다. 아동은 인형들에 옷을 입히려고 오랫동안 시간을 소요하고 있다. 비록 아동이 옷을 입히는 데 힘이 들지만, 끈기 있게 포기하지 않으며 그 과제를 하고 있다. 아동은 또한 치료사의 도움을 구하지 않고 있다.) 이 옷들은 입히기가 너무 어려워요.
   치료사: 너는 그 사람들에게 옷을 입히는 데 열심이구나.

두 명씩 또는 세 명씩 짝을 지어 연습한다.

4. 개인, 집단 또는 학급 전체에게 이러한 기법을 연습할 기회를 제공한다.

가능하다면 집단 또는 학급을 세 사람씩 짝을 짓는다. 한 사람은 아동 역할을, 다른 사람은 놀이치료사 역할을, 또 다른 사람은 관찰자 역할을 한다. 관찰자는 놀이치료사가 아동에게 하는 각 반응들을 적는다.

놀이치료사는 자신의 장점들과 더욱 발달시켜야 하는 영역들을 찾는다.

5. 2~3분간의 역할극이 끝나면 놀이치료사는 자신이 무엇을 효과적으로 했으며 더욱 효과적으로 발달시켜야 하는 것들은 무엇인지 이야기한다.

관찰자는 놀이치료사의 각 반응들을 재검토한다.

6. 관찰자는 놀이치료사가 한 치료적인 반응들을 각각 크게 읽고는 그 피드백 종이를 치료사에게 준다.

아동 역할을 한 사람이 반응한다.

7. 아동 역할을 한 사람은 놀이치료사의 반응들이 자신에게 어떻게 영향을 미쳤는지를 나타내는 구체적인 피드백을 제공한다.

관찰자: 다음의 밑줄 친 공간에 치료적인 반응들을 적는다.

놀이치료사: 각 번호가 적힌 줄의 두 번째 줄은 자신이 한 치료적인 반응을 고치고 싶을 때 (필요하다면) 사용한다.

1. _____

_____

2. _____

_____

3. _____

_____

4. _____

_____

5. _____

_____

역할극: 의사결정권과 자아 책임감을 촉진하기

수퍼바이저가 그 기법을 시범 보인다.

1. 첫 번째로 수퍼바이저나 교수는 그 기법을 개인, 집단 또는 수업을 듣는 학급 전체에게 시범 보인다.

2. 한 사람이 아동이 되어서 여러 가지 놀잇감을 가지고 놀도록 한다. 아동 역할을 한 사람이 결정권을 행사하지 못하고 의존성을 나타내는 놀이 과정을 언어적으로 나타내는 것이 중요하다. (예: 뭘 해야 할지 모르겠어요. 뭘 가지고 놀까요? 이것은 무엇 하는 데 쓰는 거죠?) 이러한 형태의 대화들은 치료사로 하여금 아동의 의사결정권과 자아 책임감을 촉진하는 반응들을 할 수 있는 기회를 갖게 한다.

3. 수퍼바이저나 교수는 자연스럽고 진실된 치료 반응들을 활용하여 아동의 의사결정권과 자아 책임감을 촉진하는 반응들을 한다.

   이러한 기법은 지속적으로 도움과 지도를 필요로 하거나 성인의 도움 없이 의사결정권을 행사하는 데 어려움을 가진 아동의 놀이에서 활용된다. 의사결정권과 자아 책임감을 촉진하는 반응들을 함으로써 아동은 성인의 도움 없이 자신의 연령에 맞는 의사결정권을 행사하는 것을 배우고 자신의 행동에 대한 책임감을 발달시킨다.

   아동: (아동이 인형의 집을 쳐다보고 몇 가지 인형들을 들고 있다.) 어떤 인형을 가지고 놀까요?
   치료사: 네가 어떤 인형을 가지고 놀지 결정할 수 있단다.

두 명씩 또는 세 명씩 짝을 지어 연습한다.

4. 개인, 집단 또는 학급 전체에게 이러한 기법을 연습할 기회를 제공한다.
    가능하다면 집단 또는 학급을 세 사람씩 짝을 짓는다. 한 사람은 아동 역할을, 다른 사람은 놀이치료사 역할을, 또 다른 사람은 관찰자 역할을 한다. 관찰자는 놀이치료사가 아동에게 하는 각 반응들을 적는다.

놀이치료사는 자신의 장점들과 더욱 발달시켜야 하는 영역들을 찾는다.

5. 2~3분간의 역할극이 끝나면 놀이치료사는 자신이 무엇을 효과적으로 했으며 더욱 효과적으로 발달시켜야 하는 것들은 무엇인지 이야기한다.

관찰자는 놀이치료사의 각 반응들을 재검토한다.

6. 관찰자는 놀이치료사가 한 치료적인 반응들을 각각 크게 읽고는 그 피드백 종이를 치료사에게 준다.

아동 역할을 한 사람이 반응한다.

7. 아동 역할을 한 사람이 놀이치료사의 반응들이 자신에게 어떻게 영향을 미쳤는지를 나타내는 구체적인 피드백을 제공한다.

관찰자: 다음의 밑줄 친 공간에 치료적인 반응들을 적는다.

놀이치료사: 각 번호가 적힌 줄의 두 번째 줄은 자신이 한 치료적인 반응을 고치고 싶을 때 (필요하다면) 사용한다.

1. _____

_____

2. _____

_____

3. _____

_____

4. _____

_____

5. _____

_____

역할극: 제한 설정하기

수퍼바이저가 그 기법을 시범 보인다.

1. 첫 번째로 수퍼바이저나 교수는 그 기법을 개인, 집단 또는 수업을 듣는 학급 전체에게 시범 보인다.

2. 한 사람이 아동이 되어서 여러 가지 놀잇감을 가지고 놀도록 한다. 아동 역할을 한 사람이 치료사로 하여금 제한 설정 기법을 활용하도록 하는 놀이를 하는 것이 중요하다. (예: 아동이 크레용으로 책상을 무엇을 쓰려고 한다. 아동이 플라스틱 거미 인형을 치료사 얼굴에 던지려고 한다.) 이러한 놀이는 치료사로 하여금 ACT에 의한 제한을 설정하는 기회를 제공한다.

3. 수퍼바이저나 교수는 자연스럽고 진실된 치료 반응들을 활용하여 아동의 자아존중감과 격려를 촉진하는 반응들을 한다.

   이러한 기법은 아동이 다치거나 치료사를 다치게 할 때, 놀잇감을 망가뜨리거나 치료실을 훼손시킬 때, 사회적으로 수용하지 않는 행동을 할 때 사용한다. ACT 모델을 활용하여 제한을 설정함으로써(Landreth, 2002), 아동의 감정과 욕구가 인정되고(A), 파워 싸움을 일으키는 기회를 줄이는 제한을 분명하고 단호하게 설정한다(C). 마지막으로 치료사는 대안적인 행동(T)을 제시하여 아동으로 하여금 이후에 제한이 있을 때 대안적인 행동들을 할 수 있게끔 한다.

놀이치료사는 제한 설정의 세 부분을 명확하게 활용한다.

A 감정을 인정하기(Acknowledge the Feeling)

C 제한을 전달하기(Communicate the Limit)

T 대안을 제시하기(Target an Alternative)

아동: 아동이 치료사를 재빨리 본 후, 바닥에 그림을 그리기 시작한다.

치료사:

A 너는 정말로 바닥에 그림을 그리고 싶어 하는구나.

C 바닥은 그림 그리는 곳이 아니란다.

T 종이에 그림을 그릴 수 있단다.

두 명씩 또는 세 명씩 짝을 지어 연습한다.

4. 개인, 집단 또는 학급 전체에게 이러한 기법을 연습할 기회를 제공한다.

가능하다면 집단 또는 학급을 세 사람씩 짝을 짓는다. 한 사람은 아동 역할을, 다른 사람은 놀이치료사 역할을, 또 다른 사람은 관찰자 역할을 한다. 관찰자는 놀이치료사가 아동에게 하는 각 반응들을 적는다.

놀이치료사는 자신의 장점들과 더욱 발달시켜야 하는 영역들을 찾는다.

5. 2~3분간의 역할극이 끝나면 놀이치료사는 자신이 무엇을 효과적으로 했으며 더욱 효과적으로 발달시켜야 하는 것들은 무엇인지 이야기한다.

관찰자는 놀이치료사의 각 반응들을 재검토한다.

6. 관찰자는 놀이치료사가 한 치료적인 반응들을 각각 크게 읽고는 그 피드백 종이를 치료사에게 준다.

아동 역할을 한 사람이 반응한다.

7. 아동 역할을 한 사람이 놀이치료사의 반응들이 자신에게 어떻게 영향을 미쳤는
지를 나타내는 구체적인 피드백을 제공한다.

관찰자: 다음의 밑줄 친 공간에 치료적인 반응들을 적는다.
놀이치료사: 각 번호가 적힌 줄의 두 번째 줄은 자신이 한 치료적인 반응을 고치
고 싶을 때 (필요하다면) 사용한다.

1.
(A) _____

(C) _____

(T) _____

효과적인 반응
(A) _____

(C) _____

(T) _____

2.
(A) _____

(C) _____

(T) _____

효과적인 반응

(A)

....

(C)

....

(T)

....

3.

(A)

....

(C)

....

(T)

....

효과적인 반응

(A)

....

(C)

....

(T)

....

제 20 장

비디오 리뷰-치료적인 반응을 확인하고 향상시키기

비디오 리뷰-비언어적인 행동들을 인정하기

놀이치료를 비디오테이프에 녹화하거나 아동과의 놀이치료를 연습한다. 비디오테이프를 리뷰하고 다음의 과제들을 완성한다.

1. 비언어적인 행동을 인정하는 반응들을 모두 적는다.

2. 만약 반응이 효과적이지 않다면, 효과적인 대안 반응을 적는다.

❊ 비디오테이프 리뷰하기

1. 아동에게 초점을 둔다. (예: "그 차는 정말로 빨리 달리는구나."라고 반응하지 않고 "너는 그 차를 빨리 운전하는구나."라고 반응한다.)

2. 아동이 명명하지 않은 놀잇감들을 명명하지 않는다. (예: "너는 그 블록을 모래 속으로 넣는구나."라고 반응하지 않고 "너는 그것을 모래 속으로 넣는구나."라고 반응한다.)

3. 치료사의 반응이 자연스럽고 진실된가? 치료사의 반응이 너무 지나치게 많이 비언어적인 행동들을 인정하는가 아니면 드물게 반응하는가?

1. ....

1a.

2.

2a.

3.

3a.

4.

4a.

5.

5a.

6.

6a.

7.

7a. _____

8. _____

8a. _____

9. _____

9a. _____

10. _____

10a. _____

치료사의 반응의 장점들과 향상할 필요가 있는 영역들을 논의하기. 예를 들어, 목소리 톤이 자연스럽고 진실되었나? 반응이 적절한 속도로 이루어졌는가? 아니면 지나치게 잦은 속도로 또는 드물게 반응하였는가?

_____

_____

_____

_____

_____

비디오 리뷰-내용을 반영하기

놀이치료를 비디오테이프에 녹화하거나 아동과의 놀이치료를 연습한다. 비디오테이프를 리뷰하고 다음의 과제들을 완성한다.

1. 내용을 반영하는 반응들을 모두 적는다.

2. 만약 반응이 효과적이지 않다면, 효과적인 대안 반응을 적는다.

✻ 비디오테이프 리뷰하기

아동의 대화 내용을 다른 말로 바꾸어 다시 반영하며 아동의 말을 앵무새처럼 그대로 따라 하지 않는다.

1.
_____

1a.
_____

2.
_____

2a.
_____

3.
_____

3a.
_____

4.

4a.

5.

5a.

6.

6a.

7.

7a.

8.

8a.

9.

9a.

10.

_____

10a.

_____

치료사의 반응의 장점들과 향상할 필요가 있는 영역들을 논의하기. 예를 들어, 목소리 톤이 자연스럽고 진실되었나? 반응이 적절한 속도로 이루어졌는가? 치료사의 반응이 다른 말로 바꾸어 아동에게 반응하였는가 아니면 아동의 말을 그대로 되풀이 하였는가?

_____

_____

_____

_____

_____

_____

_____

_____

비디오 리뷰-감정을 반영하기

놀이치료를 비디오테이프에 녹화하거나 아동과의 놀이치료를 연습한다. 비디오테이프를 리뷰하고 다음의 과제들을 완성한다.

1. 감정을 반영하는 반응들을 모두 적는다.

2. 만약 반응이 효과적이지 않다면, 효과적인 대안 반응을 적는다.

✳ 비디오테이프 리뷰하기

1. 아동에게 초점을 둔다. (예: "너는 흥분해 있구나." "너는 장난감이 던지는 것이 아니라는 것 때문에 화가 났구나.")

2. 아동의 감정을 가능한 한 정확하게 확인하고 반응한다. 아동의 목소리 톤에 귀기울이고 얼굴 표정과 전반적인 보디랭귀지를 관찰한다.

3. 때때로 놀이치료사는 감정 반영을 놓치는 경우가 있다. 만약 그렇다면 아동의 반응과 행동들을 첫 번째 줄에 적고, 두 번째 줄에는 감정을 반영하는 반응을 적는다.

4. 아래에서 나타난 바와 같이 왼쪽에는 치료사의 목소리 톤이 아동의 감정과 일치하는지 또는 아닌지를 나타낸다. (Y=치료사의 반응이 아동의 감정과 일치하였다. N=치료사의 반응이 아동의 감정과 일치하지 않았다.)

Y/N

1. _____

1a. _____

2.

2a.

3.

3a.

4.

4a.

5.

5a.

6.

6a.

7.

7a.

8.

8a.

치료사의 반응의 장점들과 향상할 필요가 있는 영역들을 논의하기. 예를 들어, 목소리 톤이 자연스럽고 진실되었나? 아동이 감정들을 언어적으로 또는 비언어적으로 표현하였을 때 치료사는 아동의 감정들을 인정하고 반영하였는가? 치료사가 확인하거나 반영하기 어려운 구체적인 감정(예: 행복, 분노, 슬픔)들이 있는가?

비디오 리뷰-자아존중감과 격려를 촉진하기

놀이치료를 비디오테이프에 녹화하거나 아동과의 놀이치료를 연습한다. 비디오테이프를 리뷰하고 다음의 과제들을 완성한다.

1. 자아존중감과 격려를 촉진하는 반응들을 모두 적는다.

2. 만약 반응이 효과적이지 않다면, 효과적인 대안 반응을 적는다.

✳ 비디오테이프 리뷰하기

1. 놀이치료사는 아동을 '긍정적으로 평가'할 수 있다. (예: 너는 정말로 현명하구나.) 이러한 반응은 아동이 더 나은 칭찬과 승인을 얻기 위하여 자신이 아닌 타인에게 의존하게 만든다. 하지만 놀이치료사는 아동이 자신의 특성과 노력을 인정하는 것을 배우길 원한다. 따라서 치료사는 "너는 정말로 현명하구나."라고 아동에게 반응하기보다는 "너는 공룡들에 대해서 많은 것을 알고 있구나."라고 반응한다. 아동은 이러한 치료사의 언급을 생각할 수 있고 자신에게 내재해 있는 능력과 기술들을 인정하게 된다. (예: 나는 공룡에 대해 정말로 많은 것을 알고 있구나.)

2. 때때로 놀이치료사는 자아존중감을 발달시키거나 격려하는 반응들을 놓칠 수 있다. 예를 들어, 놀이치료사는 아동에게 격려(예: 너는 그것을 열심히 그리는구나.)를 하는 대신에 칭찬(예: 잘했어.)을 할 수 있다. 만약 그렇다면 치료사는 첫 번째 줄에 아동을 '칭찬'하는 반응을 적고 두 번째 줄에 아동의 자아존중감을 발달시키고 격려하는 반응을 적는다.

1.

1a.

2.
....

2a.
....

3.
....

3a.
....

4.
....

4a.
....

5.
....

5a.
....

6.
....

6a.
....

7.
....

7a.
....

8. _____

8a. _____

치료사의 반응의 장점들과 향상할 필요가 있는 영역들을 논의하기. 일반적인 칭찬 (예: 잘했어.)과 격려 간의 가장 큰 차이점은 무엇인가? 일반적인 칭찬과 격려는 아동에게 어떤 영향을 미치는가? 일반적인 칭찬을 피하는 것이 어려운가?

_____

_____

_____

_____

_____

_____

_____

_____

비디오 리뷰-의사결정권과 책임감을 촉진시키기

놀이치료를 비디오테이프에 녹화하거나 아동과의 놀이치료를 연습한다. 비디오테이프를 리뷰하고 다음의 과제들을 완성한다.

1. 의사결정권과 책임감을 촉진하는 반응들을 모두 적는다.

2. 만약 반응이 효과적이지 않다면, 효과적인 대안 반응을 적는다.

❊ 비디오테이프 리뷰하기

1. 아동은 아동 스스로 결정을 할 수 있는 결정권들을 행사하기 위하여 타인의 도움을 구한다. 아동은 아동이 스스로 할 수 있는 과제를 할 때에도 타인의 도움을 구할 수 있다. 놀이치료사는 아동이 도움 없이 스스로 의사결정권을 행사하며 과제를 완성하도록 격려하는 것이 중요하다. (예: 네가 원하는 것을 하는 것은 네가 결정할 수 있단다.)

2. 어떤 아동들은 주도성을 가지고 책임감을 발달시킬 기회가 필요하다. "너는 망토를 두르기로 결정했구나." 또는 "너는 무슨 계획이 있구나." 라는 반응들은 아동이 결정권을 행사하고 책임감을 가질 수 있는 능력들이 있다는 것을 인정하는 반응들이다.

3. 때때로 놀이치료사는 의사결정권이나 책임감을 촉진하는 반응들을 놓칠 수 있다. 예를 들어, 놀이치료사는 아동의 질문에 답변을 할 수 있다. (예: 아동의 "모래상자에서 놀까요 아니면 인형의 집에서 놀까요?" 라는 질문에 치료사는 "인형의 집에서 먼저 놀렴." 이라고 반응할 수 있다.) 이러한 반응은 아동에게 책임감을 지니고 결정권을 행사할 기회를 주지 못한다. 만약 그렇다면 치료사는 첫 번째 줄에 아동의 의사결정권을 촉진할 기회를 놓친 치료사의 반응들을 적고 두 번째 줄에 아동의

의사결정권과 책임감을 발달시키는 반응을 적는다.

1.
_____

1a.
_____

2.
_____

2a.
_____

3.
_____

3a.
_____

4.
_____

4a.
_____

5.
_____

5a.
_____

6.
_____

6a. ....

7. ....

7a. ....

8. ....

8a. ....

치료사의 반응의 장점들과 향상할 필요가 있는 영역들을 논의하기

....

....

....

....

....

....

....

....

....

....

비디오 리뷰-ACT 모델을 활용하여 제한 설정하기

놀이치료를 비디오테이프에 녹화하거나 아동과의 놀이치료를 연습한다. 비디오테이프를 리뷰하고 다음의 과제들을 완성한다.

1. 제한을 설정하는 반응들을 모두 적는다.

2. 만약 반응이 효과적이지 않다면, 효과적인 대안 반응을 적는다.

❋ 비디오테이프 리뷰하기

1. 치료사는 아동과 치료사, 놀잇감, 치료실을 보호하고 놀이치료 회기를 구조화하고 사회적으로 허용하지 않는 행동들을 제한하기 위하여 제한을 설정한다.

2. 제한은 안전하고 편안한 치료 환경을 조성하며 아동에게 자아 통제력과 자아 책임감을 가르친다. 제한은 일관성 있게 침착하고 인내심을 지니고 확고한 목소리로 설정할 필요가 있다.

3. 때때로 놀이치료사는 제한을 설정할 기회를 놓치거나 ACT 모델의 세 부분을 모두 언급하지 않는다. 만약 그렇다면 치료사는 치료상에 무슨 일이 일어났는지를 #1, 2, 3에 쓰고 ACT 모델을 활용하여 #1a, 2a, 3a에 효과적인 제한 설정 반응을 적는다.

1.

(A)

_____

(C)

_____

(T)

_____

1a.

(A)

(C)

(T)

2.

(A)

(C)

(T)

2a.

(A)

(C)

(T)

3.

(A)

(C)

(T)

3a.

(A)

_____

(C)

_____

(T)

_____

치료사의 반응의 장점들과 향상할 필요가 있는 영역들을 논의하기. 치료사의 목소리 톤이 침착하고 확고하며 인내심을 가지고 반응하였는가?

_____

_____

_____

_____

_____

_____

_____

_____

비디오 리뷰-치료적인 반응을 확인하고 향상시키기

놀이치료를 비디오테이프에 녹화하거나 아동과의 놀이치료를 연습한다. 비디오테이프를 리뷰하고 다음의 과제들을 완성한다.

1. 놀이치료사가 한 첫 번째 치료 반응부터 스물두 번째 치료 반응까지 순서대로 적는다.

2. 다음의 치료 반응들의 약자를 적는다.
   - **AA** 비언어적인 행동들을 인정하기(AA: Acknowledging Non-Verbal Actions)
   - **RC** 내용을 반영하기(Reflecting Content)
   - **RF** 감정을 반영하기(Reflecting Feeling)
   - **FEE** 자아존중감과 격려를 촉진하기(Facilitating Esteem-Building and Encouragement)
   - **FDR** 의사결정권과 책임감을 촉진하기(Facilitating Decision-Making and Responsibility)
   - **LS** 제한 설정하기(Limit-Setting)

3. 만약 치료사의 반응이 효과적이지 못하다면, 효과적인 대안 반응을 적는다. 예를 들어, 만약 치료사의 반응이 비언어적인 행동들을 인정하는 반응이었으나, 사실상 감정을 반영하거나 자아존중감을 촉진시키는 반응이 더욱 효과적일 수 있다면, 효과적인 대안 반응들을 적는다. 만약 제한 설정을 위하여 ACT 모델을 사용할 때, 세 부분 중의 한 부분이 빠졌다면 효과적인 대안 반응을 세 부분 모두 통합하여 적는다.

        1. _____

        1a. _____

2.

2a.

3.

3a.

4.

4a.

5.

5a.

6.

6a.

7.

7a.

8.

8a.

9.

9a.

10.

10a.

11.

11a.

12.

12a.

13.

13a.

14.

14a.

15.

15a.

16.

16a.

17.

17a.

18.

18a.

19.

19a.

20.

20a.

21.

21a.

22.

22a.

놀이치료 비디오 리뷰

1. 아동의 대화 내용과 행동들을 간단하게 기술한다(a).

2. 치료사의 반응을 적고 치료적인 반응의 약자를 적는다(b).
   - **AA** 비언어적인 행동들을 인정하기(AA: Acknowledging Non-Verbal Actions)
   - **RC** 내용을 반영하기(Reflecting Content)
   - **RF** 감정을 반영하기(Reflecting Feeling)
   - **FEE** 자아존중감과 격려를 촉진하기
     (Facilitating Esteem-Building and Encouragement)
   - **FDR** 의사결정권과 책임감을 촉진하기
     (Facilitating Decision-Making and Responsibility)
   - **LS** 제한 설정하기(Limit-Setting)

3. 대안적인 또는 치료적인 반응들을 적는다(c).

1a.

1b.

1c.

2a.

2b.

2c.

3a.

3b.

3c.

4a.

4b.

4c.

5a.

5b.

5c.

6a.

6b.

6c.

7a.

7b.

7c.

8a.

8b.

8c.

9a.

9b.

9c.

10a.

10b.

10c.

놀이치료 비디오 리뷰

1. 아동의 대화 내용과 행동들을 간단하게 기술한다(a).

2. 치료사의 반응을 적고 치료적인 반응의 약자를 적는다(b).
   - **AA** 비언어적인 행동들을 인정하기(AA: Acknowledging Non-Verbal Actions)
   - **RC** 내용을 반영하기(Reflecting Content)
   - **RF** 감정을 반영하기(Reflecting Feeling)
   - **FEE** 자아존중감과 격려를 촉진하기
      (Facilitating Esteem-Building and Encouragement)
   - **FDR** 의사결정권과 책임감을 촉진하기
      (Facilitating Decision-Making and Responsibility)
   - **LS** 제한 설정하기(Limit-Setting)

3. 대안적인 또는 치료적인 반응들을 적는다(c).

1a.

1b.

1c.

2a.

2b.

2c.

3a.

3b.

3c.

4a.

4b.

4c.

5a.

5b.

5c.

6a.

6b.

6c.

7a. ....

7b. ....

7c. ....

8a. ....

8b. ....

8c. ....

9a. ....

9b. ....

9c. ....

10a. ....

10b. ....

10c. ....

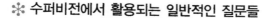

놀이치료 수퍼비전을 위한 질문들

❉ 수퍼비전에서 활용되는 일반적인 질문들

1. 놀이치료사가 놀이치료 회기에서 한 자신의 반응에 대해 무엇을 좋아하였는가?

2. 놀이치료사가 놀이치료 회기에서 한 자신의 반응에 대해 변화시키고 싶은 것은 무엇인가?

3. 수퍼바이저: 수퍼바이지의 특성이나 자질에 대해서 두 가지 긍정적인 피드백을 제공한다. 수퍼바이지가 치료적인 반응을 위하여 노력해야 할 부분 1개 또는 2개를 제공한다.

❉ 놀이치료 회기를 비디오테이프에 녹화한 후, 비디오테이프를 보면서 활용할 수 있는 질문들

1. 바로 이 순간에 아동에게 무엇을 이야기하고 싶은가?

2. 그 당시에 무슨 생각을 하고 있었는가?

3. 아동이 하는 것에 대해 무슨 생각을 가졌었는가?

4. 아동이 여러분/수퍼바이지에게 주고자 하는 메시지는 무엇이라고 생각하는가?

5. 아동이 여러분/수퍼바이지와 놀이치료 회기에 대하여 어떤 감정을 가지고 있었다고 생각하는가?

6. 아동이 여러분/수퍼바이지의 감정이나 생각들을 의식하고 있다고 생각하는가?

7. 아동은 여러분/수퍼바이지가 아동 자신을 이해하고 자신의 말과 행동에 귀를 기울인다는 것을 아동이 느낀다고 생각하는가?

✳ 아동의 주도를 격려하기

치료 과정을 이끄는 주도성을 발휘함으로써 아동은 무엇을 배우는가?

✳ 비언어적인 반응의 질

1. 놀이치료사의 태도는 편안하고 여유로운가?

2. 안절부절 애를 태우는 마음은 없는가?

3. 치료사가 아동에게 관심을 보인다고 여겨지는가?

✳ 치료적인 반응의 질

1. 치료적인 반응을 간결하고 명료하게 하는 데 무엇이 중요한가?

2. 치료적인 반응을 드물게 하는 것은 아동에게 어떤 영향을 미치는가?

3. 치료적인 반응을 지나치게 자주 하는 것은 아동에게 어떤 영향을 미치는가?

4. 놀이치료사는 어떻게 치료적인 반응을 자연스럽고 상호적으로 할 수 있는가?

✳ 진실성

1. 치료사의 목소리 톤은 아동의 감정과 일치하는가?

2. 치료사의 얼굴 표정은 치료사의 반응과 일치하는가?

3. 치료사의 목소리 톤과 얼굴 표정은 치료사의 반응과 일치하는가?

놀이치료 기관

Association for Play Therapy
2050 N. Winery Avenue, Suite
101
Fresno, CA 93703
559-252-2278
www.a4pt.org

Play Therapy International
11E 900 Greenbank Road,
Suite 527
Nepean (Ottawa), Ontario
Canada K2J 4P6
613-634-3125
www.playtherapy.org

The Center for Play Therapy
University of North Texas
P.O. Box 13857
Denton, TX 76203-6857
940-565-3864
www.cpt.unt.edu/

참 고 문 헌

Axline, V. (1947). *Play therapy: The inner dynamics of childhood.* Cambridge, MA:
Houghton Mifflin.

Guerney, L. (1972). *A training manual for parents.* Mimeographed report.

Landreth, L. (2002). *Play therapy: The art of the relationship* (2nd ed.). New York:
Brunner Routledge.

Rogers, C. (1942). *Counseling and psychotherapy.* Boston: Houghton Mifflin.

인명

Axline, V. 11

Landreth, G. 12, 20, 112, 133, 137, 139, 174, 233

Rogers, C. 11

내용

ACT 177, 233
ACT 기법 173
ACT 단계 117, 119, 132
ACT 모델 174, 175, 176, 178, 180, 186, 187, 233, 252
ACT 제한 설정 177
ACT 제한 설정 모델 178, 181, 184, 186, 187, 207, 212

가정 폭력 183
감정 반영 39, 65, 69, 78, 155, 157, 158, 192, 207, 221, 224, 243, 255
격려 95, 96, 97, 102, 107, 227, 246, 248, 255
경계 206, 207
경계 문제 205

공격성 130
공격성 표현 29
공격성-이완 놀잇감 21
공격심 151, 153
공격적인 행동 30
관계 형성 128
긍정적인 치료 관계 12

내용 반영 53, 57, 191, 195, 199, 204, 207, 210, 212, 218, 224, 240, 255
놀이 주제 128
놀이 중단 161
놀이 행동 128
놀이치료 대기실 35
놀이치료 회기 마치기 36
놀이치료 회기 시작 35

놀이치료 회기의 목표들 14
놀이치료사의 목소리와 표현의 톤 75, 76, 77
놀이치료사의 반응 17, 18
놀이치료사의 전문성 31
놀이치료실 구성 28
놀이치료실 선반 진열 26
놀이치료실 설계와 조직도 23
놀이치료실 위치 19
놀이치료실 크기 19
놀이치료실 특성들 19
놀이치료에서 피해야 할 사항들 16
놀이치료에서 해야 할 사항들 16
놀잇감과 자료들 20

보디랭귀지 152, 161, 162, 243
보호자와의 첫 번째 면담 33

복수 130
부모와의 첫 번째 면담 32, 33
부모와의 첫 번째 면담의 목적 32
비언어적인 반응의 질 267
비언어적인 행동 41, 42, 43, 45, 46, 224, 237
비언어적인 행동을 인정하기 215, 255
비지시적인 놀이치료 11

상실감 130*
상실의 과정 161
선택권 135, 137, 138, 139
성적 학대 203, 208
성적인 놀이 주제 130
속삭임 기법 153, 164, 167, 168
숙달감 129
슬픔 130
실제 생활을 나타내는 놀잇감 21
심리적인 환경 38

아동 중심의 놀이치료 11
안전함 129
안정감 129
양육 130
양육적인 놀잇감 21
역량감 129

역량적인 놀잇감 21
역할극 기법 215
의사결정 능력 195
의사결정권 79, 81, 82, 85, 89, 131, 160, 161, 209, 211, 230, 249, 255
의상 22
이혼 193
이혼 판결문 32
인폼드 콘센트 31

자녀 양육권 32
자아 책임감 131, 136, 230
자아 통제력 135, 136
자아 훈련 135
자아존중감 40, 102, 107, 131, 151, 153, 157, 160, 162, 227, 246, 255
정신적 외상 203
정확한 반영 38
제한 설정 30, 109, 114, 122, 132, 233, 252, 255
제한 설정 기법 174
제한 설정의 3단계 112
종결 133, 134
죽음 130
진실성 267

창의적인 표현과 감정 이완 22
책임감 81, 82, 249, 255
충동 억제 136
치료사의 태도 15
치료적인 반응 125, 131, 132
치료적인 반응의 질 267
치료적인 환경 37
칭찬 94, 95, 96, 102, 162, 246, 248

탐색 128
통제력 129
트래킹 190, 191, 194, 199, 200, 201

파워 129
파워 싸움 186
판단 94
평가 102
평가 문서들 31

행동 트래킹 41
형제 집단놀이치료 172
환상 22

저자소개

■ Maria Giordano, Ph.D. LMHC, RPT-S

Parents Play Connection 상담소 창립자이자 소장이며, Stetson University의 상담가이자 교육학과의 조교수로 역임하였다.

■ Garry Landreth, Ed.D. LPC, RPT-S

University of North Texas의 상담학과의 Regents Professor이며, Center for Play Therapy의 창립자다.

■ Leslie Jones, Ph.D. LPC, RPT-S

국제 공인 상담가이며 놀이치료전문가다.

역자소개

■ 이미경

학력

수원대학교 가정관리학과(현 아동가족복지학과) 졸업

숙명여자대학교 대학원 아동복지학과(석사) 졸업, 아동상담 전공

University of North Texas 대학원 상담학과(박사) 졸업, 놀이치료 전공/심리학 부전공

자격증

Registered Play Therapist-Supervisor(RPT-S)

National Certified Counselor(NCC)

Licensed Clinical Professional Counselor(LCPC: Maryland)

Licensed Professional Counselor(LPC: Texas)

임상경력

현 Child Psychotherapist, Kennedy Krieger Institute Family Center, Baltimore, Maryland

　　Child Psychotherapist & Program Coordinator, Children First Counseling Center, Grand Prairie, Texas

　　Internship:

　　　　Child & Family Resource Clinic, Denton, Texas

　　　　Friends of Family, Denton, Texas

　　　　Family Place, Dallas, Texas

　　　　Denton County Children's advocacy Center, Lewisville, Texas

저서 및 역서

놀이치료 수퍼비전

인지행동놀이치료

아동문제별 놀이치료 개입

놀이치료 관계 형성을 위한 핸드북

A Practical Handbook for Building the Play Therapy Relationship

2009년 1월 21일 1판 1쇄 발행
2023년 1월 20일 1판 10쇄 발행

지은이 • Maria Giordano · Garry Landreth · Leslie Jones
옮긴이 • 이 미 경
펴낸이 • 김 진 환
펴낸곳 • ㈜ **학지사**
      04031 서울특별시 마포구 양화로 15길 20 마인드월드빌딩 5층
대표전화 • 02) 330-5114   팩스 • 02) 324-2345
등록번호 • 제313-2006-000265호

홈페이지 • http://www.hakjisa.co.kr
페이스북 • https://www.facebook.com/hakjisabook

ISBN 978-89-93510-16-4 93180

정가 15,000원

출판미디어기업 **학지사**

간호보건의학출판 **학지사메디컬** www.hakjisamd.co.kr
심리검사연구소 **인싸이트** www.inpsyt.co.kr
학술논문서비스 **뉴논문** www.newnonmun.com
원격교육연수원 **카운피아** www.counpia.com